TOUT EST BON DANS LE COCHON

ISBN : 978-2-7540-5400-3

Achevé d'imprimer : octobre 2013
Dépôt légal : octobre 2013

Imprimé en Espagne

Éditions First, un département d'Édi8
12, avenue d'Italie
75013 Paris
Tél : 01 44 16 09 00
Fax : 01 44 16 09 01
Site internet : www.editionsfirst.fr

Christian Etchebest et Éric Ospital

TOUT EST BON DANS LE COCHON

Histoire, tradition, recettes...

Préface d'Yves Camdeborde

Photographies de Denys Clément

FIRST
Editions

SOMMAIRE

PRÉFACE

Copains comme cochons

Grâce à mon métier d'artisan cuisinier, j'ai eu la chance, tout au long de ma carrière, de rencontrer des hommes et des femmes de caractère et de conviction, des gens qui m'ont permis de progresser et de m'enrichir intellectuellement.
Avec Christian Etchebest, nous avons poussé ensemble en mêlée dans les cuisines de l'hôtel *Crillon,* sous la direction de Christian Constant, mon maître à penser. À l'époque, j'ai découvert un grand cuisinier mais surtout un grand homme.
Éric Ospital n'est autre que le descendant de l'emblématique charcutier Louis Ospital, créateur avec quelques compagnons du label de qualité ibaïona. Éric a conservé cet héritage et cette tradition, qui sont une accumulation merveilleuse de savoir-faire, il a su les comprendre et les respecter pour construire au présent.
Pour nous autres cuisiniers, la rencontre directe avec un artisan fournisseur est toujours un moment important. Qu'il produise du vin, du sel, des poireaux, des fraises ou du jambon, il a des choses à nous apprendre que nous pouvons ensuite faire partager à nos clients. Cet échange est une grande source de joie de notre métier. Car c'est bien de savoir que derrière un jambon, il y a un homme.
La rencontre entre Christian Etchebest et Éric Ospital et le fait qu'ils n'ont pas cessé de travailler de plus en plus étroitement ne m'étonne donc pas. Ils ne sont pas simplement réunis par le goût du rugby, par l'amour du Pays basque. Ce sont deux représentants de deux cultures de métier transmises avec passion. Ils travaillent chacun au bout d'une chaîne qui se continue sans rupture. L'histoire de l'ouvrage que vous tenez entre les mains, c'est l'histoire de leur amitié, les aventures de deux compétences sublimées par la connivence. Elles nous donnent à voir les résultats que provoque en cuisine le rapprochement des savoir-faire. Ces derniers temps, il y a beaucoup de choses qui brillent autour du métier de cuisinier. J'ai bien du plaisir, ici, à cette place, de rappeler que c'est non seulement grâce à notre travail, mais également grâce à l'exigence de nos artisans fournisseurs.
Ne dit-on pas que dans le cochon tout est bon ?
Pour Éric et Christian, c'est bien vrai !
Cochon qui s'en dédit !

Yves Camdeborde

CHRISTIAN ETCHEBEST

Je suis né à Pau, dans le Béarn. L'école ne me plaisait pas, je m'y ennuyais. Un jour, ma mère m'a dit : « Tu seras cuisinier. » J'ai répondu « OK » et je suis parti à l'école hôtelière à Pau. Ma passion de la cuisine est venue bien après, avec de superbes rencontres : Claude Perraudin, André Gauzere, les frères Ibarboure, Christian Willer, Christian Constant et bien sûr Yves Camdeborde, avec qui j'ai travaillé au *Crillon* et qui m'a poussé à ouvrir mon premier restaurant à Paris. L'aventure commence alors en 1998.

Comment avez-vous rencontré Éric Ospital ?

J'ai connu Éric par l'intermédiaire d'Yves Camdeborde. Yves me dit qu'il a un copain qui fait de la super salaison et que je devrais le rencontrer.

On était en 1999, je venais d'ouvrir mon premier restaurant, *Le Troquet,* dans le XVe arrondissement de Paris, je travaillais comme un fou, je n'avais pas beaucoup de temps. Mais, comme c'était Yves qui me l'envoyait, j'ai accepté de rencontrer Éric. Je lui fixe un rendez-vous à 10 heures, et personne ne vient.

Le lendemain, je vois arriver un mec à 10 heures avec sa femme et il me dit qu'il n'avait pas pu venir la veille car il avait été pris dans des embouteillages monstres. J'accepte de le recevoir et de lui donner sa chance. Il va chercher des échantillons dans sa voiture et en y allant il glisse à sa femme : « Tu vois, ce type-là on ne lui vendra même pas une tranche de saucisson. » Il me raconte son histoire, et, au bout de 10 minutes, j'en ai assez entendu, j'ai plein de boulot, mais mon regard s'arrête sur les mains d'Éric. Il a des mains de travailleur, et, en les regardant, je comprends plein de choses. À ce moment-là, je lui parle de ses mains et lui dis : « OK, tes produits ont leur place chez moi. »

Une grande aventure commence alors ?

Oui et non. Je lui propose de faire un panier de charcuterie différent toutes les quatre semaines. Je passe ma première commande : des jambons de Bayonne, de l'ibaïona, etc. Moi, j'aime les jambons secs, car chez moi on tuait le cochon, et nos jambons étaient bien secs, et les siens sont mous à cœur. J'appelle Éric et lui dit que je me suis fait avoir. Il ne s'énerve pas et me propose que je lui renvoie toute sa marchandise et lorsque je passerai dans le Pays basque d'aller le voir et qu'il m'expliquerait sa façon de travailler.

Vous êtes donc parti le rencontrer chez lui ?

Oui, je suis rapidement descendu au Pays basque, je l'ai vu travailler, il m'a tout expliqué et peu à peu une amitié est née. Je lui ai recommandé des produits et je n'ai jamais arrêté depuis le panier de charcuterie d'Éric.

Je suis souvent sollicité par d'autres charcutiers qui me proposent des jambons espagnols, par exemple, qui sont très bons, mais moi, je défends toujours les artisans français et surtout Éric, qui est un véritable ami, en dehors de nos liens professionnels.

Qu'est-ce qui vous plaît dans les produits d'Éric ?

C'est tout l'amour qu'il met à les faire. C'est tout un travail que son père avait mis en place, il a repris le flambeau et ce n'est jamais facile de reprendre les affaires de ses parents.

Éric cherche la perfection, les meilleurs cochons, il met plein de choses en place pour tirer sa marchandise vers le haut en commençant par écouter les gens et discuter avec eux. Éric arrive à sublimer le cochon.

Est-ce que les produits d'Éric vous ont permis de créer ou d'inventer des recettes auxquelles vous n'aviez pas pensé?

On fait à manger depuis la nuit des temps. Ma mère et mon père cuisinaient pour leurs trois enfants, ils nous ont préparé trois mille choses différentes. Inventer, je veux bien, on dit qu'on invente, *El Bulli* a inventé la cuisine moléculaire, mais un boudin, reste un boudin, qu'on le mange cru ou cuit.
Les produits d'Éric m'ont permis de tirer ma cuisine vers le haut : pour un parmentier, si je prends un mauvais boudin, il ne sera jamais bon, mais si je le cuisine avec un boudin d'Ospi (c'est le surnom d'Éric), j'ai juste à le faire griller sur la plancha, à ajouter une bonne purée bien crémeuse et un jus fumé, et le tour est joué.
Après, dire que j'ai inventé... Oui, on a sorti avec Éric des petites pièces du cochon, comme le lepoa, mais bon, le cochon, il a été désossé des millions de fois depuis toujours, alors...

Quelle partie du cochon aimez-vous le plus cuisiner?

Je pense que c'est la côte de cochon ibaïona. Une belle côte dans le carré de 800 g bien grasse, ça, je pense que c'est un morceau exceptionnel. Servi rosé, pas trop cuit, avec deux ou trois pequillos et guindillas. Moi, ce que j'aime dans la cuisine, c'est qu'elle doit être hypersimple avec le produit mis en avant. Je suis un amoureux du cochon, j'aime vraiment tous les morceaux du cochon : les oreilles, le groin, je cuisine même un groin braisé à la tomate.

Quelle est votre recette préférée?

C'est vraiment la côte de cochon ibaïona. Avec ce morceau, on entre dans le cœur du produit avec le maigre et le gras. Même cru, à l'œil, la côte de cochon est belle, elle parle...

Est-ce qu'il y a un morceau du cochon que vous n'aimez pas?

Les dents, je n'arrive pas à les manger. Sinon, non, vraiment, j'aime tout dans le cochon.

D'où vient cette passion pour le cochon ?

Je crois qu'elle vient de mon enfance. Mon père vivait à Montory où il avait une ferme avec des cochons, des vaches, des lapins, des poules, des moutons ; mais le cochon était mon animal préféré : c'est joli, un cochon, c'est trapu, ça ressemble à Ospi !
Chaque fin d'année, on tuait le cochon. On faisait sécher les saucisses dans la cuisine, on préparait des pâtés ; depuis tout petit je suis habitué à manger du cochon, c'est un goût que j'aime.

Le cochon peut-il redorer son blason vis-à-vis des consommateurs, malgré le fait que la charcuterie soit mauvaise pour la santé ?

C'est un discours tenu par les médias et les médecins. Cela fait plus de 15 ans maintenant que le cochon est sur les tables des bistrots, et les gens aiment ça. Les étoilés Michelin le cuisinent aussi, et, dans mes différents restaurants je passe des kilos et des kilos de cochon.

Vos clients sont-ils fans du cochon et se laissent-ils tenter par des morceaux peu connus ?

Mes clients sont forcément fans, car ils savent que ma carte est en grande partie à base de cochon, ils viennent donc dans mes restaurants pour en déguster.

Que souhaitez-vous prouver avec un livre sur le cochon ?

Je ne veux rien prouver de spécial. On m'a souvent proposé de faire des livres, mais je n'avais pas le temps. Là, c'est une aventure de copains, d'amitié sur un produit où Éric excelle et que j'adore cuisiner. Le livre s'est fait tout seul, c'est tout !

ÉRIC OSPITAL

Je suis né en 1971 à Bayonne, mais j'ai fait ma primaire à Hasparren. N'aimant pas l'école et n'étant pas très sage, mes parents m'ont envoyé dans une école privée – Saint-François-Xavier à Ustaritz – où j'ai effectué ma 6e et ma 5e. À l'issue de ces 2 années, mon père m'a donné une semaine pour décider de ce que je voulais faire. Comme je n'en avais absolument aucune idée, il a choisi pour moi et m'a envoyé en préapprentissage chez un charcutier de Bayonne, et j'ai commencé à apprendre le métier. J'ai passé mon CAP, puis je suis parti faire mon service militaire à Brive-la-Gaillarde dans un régiment semi-disciplinaire avec lequel j'ai eu la chance d'assister à la chute du mur de Berlin.

L'aventure commence à ce moment-là ?

Oui, j'avais 19 ans et je suis « monté » à Paris, sac au dos, sans connaître personne. J'habitais du côté de l'Odéon et je travaillais dans une charcuterie rue de Seine, chez Mme Billon. J'y suis resté un an et demi. Je suis littéralement tombé amoureux de ce quartier. Ça bougeait beaucoup. Étant un fan de rugby, je fréquentais régulièrement les bars ayant la culture rugby – chez Édouard Pagueguy, un ami – et c'est là que j'ai rencontré Yves Camdeborde. Immense rencontre pour moi, car il m'a fait rentrer chez *Fauchon,* place de la Madeleine, où j'ai vraiment appris le métier : la rigueur, la hiérarchie des grands chefs (le chef Clément et le chef Xavier Mugica) et surtout la recherche perpétuelle de la perfection. Puis je suis redescendu au Pays basque où j'ai commencé à travailler avec mon père, où j'ai rencontré mon épouse, et c'est grâce à elle si je suis épanoui dans mon métier.

Votre entreprise est donc un héritage de vos parents ?

Non, ce n'est pas un héritage. Mes parents sont partis de rien, et, chez nous, on a le sens du travail. Quand j'ai repris l'affaire familiale, je l'ai rachetée à mon père, qui est décédé depuis. Ma sœur est maintenant également associée.

Comment vous est venue la passion pour votre métier ?

J'ai eu la chance de naître dans une famille qui a la valeur du travail et l'amour du métier. Mes grands-parents étaient paysans, ils m'ont transmis le goût des bons produits, l'amour du travail bien fait. Ma passion est venue au fur et à mesure des rencontres que j'ai faites au cours de mon parcours professionnel, mais elle a commencé quand j'étais tout petit. Je me souviens de mon père qui faisait sécher ses jambons à l'air libre : tous les dimanches, il posait dans sa voiture les jambons sur un grand drap, il les recouvrait d'un autre drap blanc, ma sœur et moi on s'asseyait à côté et on partait emporter les jambons dans le grenier de ma grand-mère, à Hosta. Mon père pensait que l'air de la montagne était beaucoup plus sain pour l'affinage.
J'ai eu la chance d'avoir un père amoureux du travail bien fait, qui ne supportait pas les gens qui ne faisaient le travail qu'à moitié. J'ai d'ailleurs hérité de ce défaut ou de cette qualité, en tout cas de ce trait de caractère.

Depuis combien de temps êtes-vous charcutier ?

Je dirais depuis tout petit. Dès l'âge de 11 ans, avec ma sœur, pendant les saisons, nous épluchions les oignons, nous lavions les poireaux, nous grattions le billot. On aimait se retrouver dans cette ambiance.

Allez-vous souvent chez vos éleveurs?

Cela fait 30 ans que nous travaillons avec les deux mêmes éleveurs qui ont adopté le label ibaïona. Oui, je vais les rencontrer régulièrement, nous sommes très proches, car c'est très important d'être à leur écoute, ils nous fournissent notre matière première.

Combien de cochons débitez-vous par semaine?

C'est très aléatoire. Disons que l'on découpe environ dix cochons ibaïona par semaine et dix cochons de jambon de Bayonne.

Formez-vous des charcutiers?

Oui, bien sûr. C'est un devoir de former des apprentis ; j'ai eu la chance de rencontrer des gens qui m'ont transmis leur passion, qui ont pris le temps de m'apprendre le métier, je dois faire la même chose. Aujourd'hui, un certain nombre de corps de métier ont du mal à trouver des apprentis, mais, en ce qui me concerne, je n'ai pas trop de soucis pour en trouver. J'ai même des Canadiens, des Japonais, des Australiens, des Anglais, des Coréens qui travaillent dans les maisons que je fournis et qui désirent venir faire un stage chez moi.

Quelle est la composition de votre clientèle?

Elle est très variable : des restaurants, des épiceries fines, mais aussi des gens de la campagne.

Quelle est la proportion entre votre clientèle professionnelle et votre clientèle privée?

Je n'ai jamais vraiment calculé, mais je dirais 50/50.

Rencontrez-vous souvent vos clients professionnels?

Très souvent. Des gens comme Christian, je leur parle deux ou trois fois par jour. Je suis très proche d'eux, car ce sont des gens qui m'ont aidé, et Christian est devenu un ami.

Exportez-vous votre viande?

Très peu. J'ai une telle demande en France que je n'arrive même pas à fournir, je ne peux donc pas l'exporter. Et je ne souhaite pas m'agrandir, car, à ce moment-là, je perdrais mon âme d'artisan.

Est-ce que la clientèle a évolué, est-elle plus exigeante?

Elle a évolué, mais elle n'est pas plus exigeante, car nous-mêmes sommes très exigeants avec notre travail. Je sers des palaces, des restaurants étoilés, des bistrots de quartier, des restautants de campagne, l'exigence est la même quel que soit le client.

Avez-vous senti une reconnaissance de votre métier du fait de l'idée de manger bon ?

J'ai remarqué que, depuis 1990, les gens veulent savoir ce qu'ils mangent. Et pour nous, ce n'est que du bonheur, car la création du label ibaïona rend notre produit très lisible pour le consommateur : chaque jambon est élaboré avec sa carte d'identité, où l'on retrouve le nom de l'éleveur, le millésime, etc.

Est-ce que cette reconnaissance vous a amené une nouvelle clientèle ?

La clientèle se renouvelle sans arrêt. J'ai la chance que de jeunes cuisiniers ou de grands chefs mettent mon nom sur leur carte, cela nous amène du monde, une sorte de reconnaissance supplémentaire.

Créez-vous des recettes ?

On n'a rien inventé. On reprend les bases des recettes que les anciens nous ont transmises. On essaie juste de les remettre au goût du jour.

Connaissez-vous Christian Etchebest depuis longtemps, et comment est née votre amitié ?

Cela fait maintenant une quinzaine d'années que l'on se connaît. Sur les conseils d'Yves Camdeborde, je suis allé, avec ma femme, au *Troquet,* dans le XVe arrondissement, à Paris, pour lui présenter le jambon ibaïona et mes autres produits. Après un démarrage difficile, il a pris le temps de m'écouter puis il a regardé mes mains. Il a vu que j'étais travailleur. Il m'a raconté qu'il était parti de rien et qu'il avait beaucoup d'estime pour les gens qui travaillaient. Il m'a présenté à de nombreux restaurateurs et établissements, l'atelier de Joël Robuchon, *Le Bristol,* le *Fouquet's,* et j'ai même fourni l'Élysée.

Qu'est-ce qui vous relie à Christian Etchebest ?

Sa conception de la vie, son honnêteté, sa simplicité, sa gentillesse, sa générosité, son amour du travail bien fait, le respect des autres, sa passion pour le rugby.

HISTOIRE ET SYMBOLIQUE

du cochon

LE PORC : ASPECTS HISTORIQUES, CULTURELS ET SYMBOLIQUES

Les spécialistes pensent que le porc a été domestiqué pour la première fois en Turquie et au Turkestan actuels, il y a 8 000 à 9 000 ans (soit un à deux millénaires après la chèvre, le mouton et la vache). Fait notable : cette domestication a été réalisée à des fins alimentaires, ce qui distingue le cochon des autres animaux que nous avons cités. En effet, l'élevage des caprins, des ovins et des bovins visait avant tout à fournir (selon les espèces considérées) de la laine, du lait, du cuir ou encore de la force pour la traction, le transport des hommes ou celui de lourdes charges.

Contrairement à ce que l'on croit souvent, le cochon d'élevage n'est probablement pas le « fruit » de la domestication du sanglier. Les archéozoologues pensent plutôt que ces deux espèces auraient un ancêtre commun : notre porc domestique serait issu d'un cochon sauvage (aujourd'hui disparu) dont la lignée se serait séparée très tôt de celle des sangliers actuels.

Comme nous, le cochon est omnivore : il peut se nourrir de (presque) tous les végétaux et animaux ou aliments d'origine animale.

Parmi tous les animaux que l'homme a domestiqués pour en faire l'élevage, le porc présente une autre particularité, d'une très grande importance : sa proximité biologique – à la fois anatomique et physiologique – avec l'espèce humaine. Comme nous, le cochon est omnivore : il peut se nourrir de (presque) tous les végétaux et animaux ou aliments d'origine animale ; cette diversité alimentaire est même nécessaire à sa survie et à sa bonne santé. Le porc présente le même système digestif que le nôtre, et ses organes internes sont disposés de la même façon que nos propres organes. C'est pourquoi, dès l'Antiquité grecque et tout au long du Moyen Âge, les médecins et futurs médecins étudiaient l'anatomie en « ouvrant » truies et verrats (jusqu'au XVe siècle, l'Église interdira en effet de disséquer les cadavres humains). Ils utilisaient aussi le porc comme cobaye pour conduire des expérimentations et tester de nouveaux remèdes.

Le sacrifice d'un porc, par un peintre d'Epidromos, Grèce, début du Ve siècle av. J.-C.

Aujourd'hui encore, les scientifiques ont recours au cochon comme « modèle » dans de nombreuses expé-

riences de laboratoire. On extrait également du corps de cet animal des substances qui entrent dans la composition d'une multitude de médicaments (jusqu'au début des années 1980, les diabétiques étaient traités par des injections d'insuline de porc) et on utilise ses organes et sa peau pour les greffer sur des humains. Des médecins canadiens ont même réussi à utiliser une truie comme « mère porteuse » d'un fœtus humain pendant les heures nécessaires à l'opération chirurgicale de sa mère biologique ! Enfin, les chercheurs ont montré que le porc est un des animaux les plus intelligents (il sait identifier son reflet dans un miroir, ce qui montre qu'il a conscience de sa propre existence) et qu'il est capable

Des étudiants en médecine s'exerçant sur un cochon mort, au XIXe siècle.

Aujourd'hui encore, les scientifiques ont recours au cochon comme « modèle » dans de nombreuses expériences de laboratoire.

d'un véritable attachement. Selon l'historien médiéviste Michel Pastoureau, c'est ce « cousinage » biologique qui expliquerait, pour une large part, l'attitude fortement ambivalente – tantôt attirance et admiration, tantôt rejet et mépris – que les hommes ont, de tout temps, manifesté vis-à-vis du porc.

LE COCHON, SYMBOLE DE FERTILITÉ ET DE PROSPÉRITÉ

Le porc est un animal qui, dès l'Antiquité, a fasciné de très nombreux peuples. Le sanglier était vu comme l'incarnation de la force et du courage. Le porc domestique symbolisait, quant à lui, la fertilité : la truie est en effet très prolifique (ses portées sont de douze porcelets en moyenne) et elle offre une belle image de mère nourricière. De surcroît, la durée de sa gestation s'établit très précisément à 3 mois, 3 semaines et 3 jours... ce qui, bien sûr, n'avait pas manqué de frapper les esprits des Anciens, imprégnés de symbolisme.

Outre son exceptionnelle prolificité, le porc a également été associé à l'obstination, à la sagesse ainsi qu'à la prospérité et à la richesse (rappelons-nous la forme de cochon de notre première tirelire en porcelaine, un mot dérivé du latin *porcella* qui signifie... « truie » !). Le cochon présente en effet l'avantage de se nourrir de tout et de n'importe quoi, ce qui permettait d'obtenir de la viande et de la graisse (saindoux) à moindre coût. Surtout, tuer un cochon et en conserver les morceaux dans son saloir ou son « charnier » était l'assurance de disposer de nourriture tout au long de l'hiver. Et comme « dans le cochon, tout est bon », on pouvait utiliser ses os pour fabriquer de la colle, ses soies pour confectionner des pinceaux et des brosses, sa peau pour obtenir du cuir... et utiliser la vieille graisse pour entretenir les essieux des chars et des charrettes. Aujourd'hui encore, les Chinois considèrent d'ailleurs comme très bénéfique le fait de naître sous le signe astrologique du cochon : ils y voient une promesse de richesse.

Outre son exceptionnelle prolificité, le porc a également été associé à l'obstination, à la sagesse ainsi qu'à la prospérité et à la richesse.

Mais le cochon, comme tout animal d'ailleurs, était porteur d'une symbolique ambivalente : les aspects positifs s'accompagnaient toujours de traits négatifs, ces derniers étant plus ou moins marqués selon les cultures et les civilisations...

Dans leurs villages bâtis sur les rives et dans le delta du Nil, les anciens Égyptiens élevaient des cochons. Les nomades qui sillonnaient le désert regardaient ces animaux avec dédain (peut être parce que ces derniers étaient incapables de les suivre dans leurs incessantes pérégrinations). A contrario, pour les éleveurs sédentaires, les porcs revêtaient un caractère sacré : ils les sacrifiaient sur les autels des temples, en hommage à leurs divinités. Leur chair était ensuite consommée par les prêtres et les membres de la classe aisée (le peuple n'avait pas souvent accès à la viande). Toutefois, vers le milieu de la période pharaonique, la fréquence de consommation du porc par les élites a commencé à diminuer pour se limiter, in fine, à un seul jour par mois (celui de la pleine lune). Puis, sous prétexte d'impureté, le cochon a été purement et simplement interdit à la consommation.

À l'instar des Égyptiens, les Grecs pratiquaient eux aussi le sacrifice rituel des porcs.

D'autres peuples de Méditerranée orientale ou du Proche-Orient (mais pas tous) avaient eux aussi banni le cochon de leur alimentation : c'était le cas des Crétois, des Phéniciens, des Cananéens (le peuple qui occupait la Palestine avant les Hébreux) et, bien entendu, des Hébreux eux-mêmes.

À l'instar des Égyptiens, les Grecs pratiquaient eux aussi le sacrifice rituel des porcs : les truies étaient ainsi offertes à Déméter, déesse de la Fertilité et des Moissons. Mais, à la différence du peuple du Nil, les

Le cochon porte-bonheur et signe de richesses.

Statuette en or représentant un cochon dans la Grèce antique.

habitants de la Grèce antique ont toujours accepté, sans que cela leur pose le moindre problème, de manger la chair de ces victimes sacrificielles. En vertu du « principe d'incorporation » – la croyance universelle selon laquelle le mangeur pense incorporer les propriétés symboliques qu'il attribue au végétal ou à l'animal qu'il ingère –, les Grecs anciens étaient convaincus que la viande de porc leur communiquait la vitalité et le prestige de l'animal.

Observons au passage que les textes grecs les plus anciens soulignent déjà, de manière indirecte, la proximité biologique du cochon et de l'homme que nous avons évoquée plus haut. Cette proximité apparaît dans les récits mythologiques qui évoquent la transformation d'hommes en porcs. Ainsi, dans *L'Odyssée* d'Homère – probablement écrite au VIIe siècle avant notre ère – Ulysse découvre avec effroi que ses compagnons ont été changés en pourceaux par la magicienne Circé. Heureusement, la métamorphose est réversible, et les marins retrouveront ultérieurement leur apparence d'hommes. Cette facilité du « passage » de l'être humain au porc (et inversement) se manifeste également dans la célèbre légende médiévale de saint Nicolas. Ce dernier redonne vie et forme humaine à trois pauvres enfants qu'un boucher a transformés en porcelets avant de les tuer et de placer leurs morceaux dans son saloir en vue de les vendre au marché.

Comme les Grecs, de nombreux autres peuples – Romains, Gaulois, Germains, peuples scandinaves et slaves… – vénéraient le cochon, dont ils appréciaient beaucoup la chair. S'agissant des Gaulois, profitons-en pour tordre le cou à une idée reçue : contrairement au sympathique Obélix, nos ancêtres ne se régalaient pas (ou peu) de sangliers sauvages mais de porcs d'élevage. Les fouilles archéologiques ont en effet montré que la chair des sangliers représentait moins de 1 % de la quantité totale de viande consommée par les contemporains de Vercingétorix ! En revanche, les Gaulois, qui étaient d'excellents agriculteurs et éleveurs, consommaient beaucoup de viande de porc et fabriquaient des salaisons dont la réputation avait largement dépassé les frontières de la Gaule. À Rome, les auteurs latins mentionnent souvent l'excellence des jambons fumés de fabrication gauloise !

Comme les Grecs, de nombreux autres peuples – Romains, Gaulois, Germains, peuples scandinaves et slaves… – vénéraient le cochon, dont ils appréciaient beaucoup la chair.

Les riches Romains sacrifiaient beaucoup de porcs sur leurs autels (au moins jusqu'au début de l'époque impériale). Et la viande de ces animaux, produite dans la péninsule ou importée de Gaule, était celle qu'ils préféraient entre toutes. Le célèbre ouvrage culinaire d'Apicius, cuisinier de l'empereur Tibère au tout début

IOANES STRATENSIS
FLANDRVS 1570

de l'ère chrétienne, comporte de nombreuses recettes à base de porc, parmi lesquelles d'extravagantes vulves et tétines de truie farcies aux oursins ! Les soldats des légions romaines recevaient de temps à autre du porc salé ainsi que, en guise de rémunération, une certaine quantité de sel… pratique qui sera à l'origine du mot « salaire ».

LE PORC, TABOU ALIMENTAIRE

Les Juifs et les musulmans, mais aussi les Égyptiens (à certaines périodes de leur histoire) et bien d'autres peuples du Proche-Orient, d'Afrique (Éthiopie) ou de certaines régions du sous-continent indien avaient (ont) strictement prohibé la consommation de porc. On conçoit aisément qu'un animal se nourrissant d'immondices, voire de ses propres excréments, et se vautrant dans la fange ait pu apparaître comme impur aux yeux de certaines sociétés traditionnelles. Mais les explications qui ont été données de cet interdit alimentaire ne se réduisent pas à cette seule notion de saleté et d'impureté, et elles varient selon les cultures considérées et les auteurs.

Ainsi, des savants ont estimé que si le porc avait été banni de l'alimentation de certains peuples, ce n'est pas parce qu'il était perçu comme impur mais pour la raison exactement inverse : on voyait en lui un animal sacré, et il était donc inconcevable de l'ingérer. Certains auteurs ont jadis formulé l'hypothèse selon laquelle, pour les clans Hébreux primitifs comme pour d'autres tribus du Proche-Orient, le sanglier et le cochon étaient des totems, c'est-à-dire des animaux protecteurs du groupe humain considéré qui, pour cette raison, les vénérait et refusait de les manger.

Des savants ont estimé que si le porc avait été banni de l'alimentation de certains peuples, ce n'est pas parce qu'il était perçu comme impur mais pour la raison exactement inverse : on voyait en lui un animal sacré, et il était donc inconcevable de l'ingérer.

De fait, les Hébreux ont, très tôt, fait du porc un tabou alimentaire absolu… mais en le classant dans la catégorie de l'impur. Dans la Bible, il est écrit : « Vous ne mangerez pas le porc qui a la corne fendue et le pied fourchu mais qui ne rumine pas ; vous le regarderez comme impur. » Mais la loi de Moïse ne se contente pas d'interdire de manger du porc, elle défend aussi de le toucher, de l'élever, d'utiliser des objets faits avec sa peau (comme des sandales ou une ceinture de cuir) et même de prononcer ou d'écrire son nom.

Ulysse, Mercure et Circé en arrière-plan avec les compagnons d'Ulysse transformés en cochons. Peinture du XVIe siècle.

Pour expliquer ce tabou du porc chez les Juifs, beaucoup d'explications ont été avancées. On a dit que l'interdit était né du fait que chez les Cananéens – le peuple qui vivait en Palestine lors de l'arrivée des Hébreux –, le porc était l'animal le plus souvent sacrifié aux divinités et le plus consommé. Il fallait donc que la religion monothéiste du peuple d'Israël se distingue nettement de ses concurrentes, ce qui passait par le rejet du porc. D'autres auteurs ont fait valoir le fait que les Hébreux étaient, à l'origine, des nomades. Comme beaucoup de nomades, ils méprisaient le porc, car il s'agissait d'un animal élevé par les tribus sédentaires et qui ne pouvait lui-même mener une vie itinérante.

Pour certains chercheurs, l'interdit du porc obéirait à des raisons climatiques ou hygiéniques. Au Proche-Orient, berceau de la religion juive, les fortes chaleurs pouvaient altérer rapidement la viande de porc et la rendre impropre à la consommation. D'autres ont prétendu que si la chair de l'animal était mal cuite (faute de disposer de bois en quantité suffisante), certains parasites présents dans la viande n'étaient pas détruits et pouvaient alors causer des maladies graves, comme la mortelle trichinose. L'explication est aujourd'hui abandonnée, car on sait que dans cette région du monde, de nombreux autres peuples se nourrissaient de viande de porc... sans problèmes apparents.

En réalité, l'explication du tabou du porc, chez les Juifs et d'autres peuples, n'a peut-être rien à voir avec des considérations « rationnelles » faisant intervenir le climat, les difficultés de conservation, le risque sanitaire ou encore le manque d'intérêt économique.

Un anthropologue américain, Marvin Harris, a suggéré une explication de nature économique : selon lui, la consommation de viande de cochon a été interdite par les Hébreux le jour où, à cause de la déforestation du Proche-Orient, les éleveurs ont dû « rapatrier » à la ferme leurs porcs qui, jusqu'alors, trouvaient leur subsistance à l'ombre des arbres de la forêt. Ils ont dû construire un abri pour protéger leurs cochons du soleil ardent (le porc lutte très mal contre la chaleur), les alimenter en partie avec des céréales (d'où une concurrence avec la nourriture des hommes), leur procurer de l'eau (une ressource rare)... ce qui, au final, s'est avéré totalement « antiéconomique ». Cela dit, on ne voit pas pourquoi il a fallu interdire la consommation du porc : les éleveurs étaient assez intelligents pour s'apercevoir eux-mêmes du manque d'intérêt de continuer à pratiquer l'élevage des cochons.

En réalité, l'explication du tabou du porc, chez les Juifs et d'autres peuples, n'a peut-être rien à voir avec des considérations « rationnelles » faisant intervenir le climat, les difficultés de conservation, le risque sanitaire ou encore le manque d'intérêt économique. Elle relève sans doute davantage de la culture et de la symbolique. Une anthropologue britannique, Mary Douglas, pense ainsi que l'exclusion alimentaire du porc (et celle de très nombreux autres animaux) par les Hébreux vient du fait que le cochon leur apparaissait comme une « erreur de la nature ». Aux yeux des Juifs, le cochon est en effet un animal « hors catégorie », un animal inclassable : il ne s'insère pas dans l'ordre du monde voulu par Yahvé. Un ordre dans lequel les seuls animaux terrestres considérés comme purs – et

Relief représentant une truie nourrissant ses petits, vers 2800 av. J.-C.

donc mangeables – sont ceux qui « ont le pied onglé, l'ongle fendu et qui ruminent ». Or, si le porc a bien des sabots fendus, il ne rumine pas !

Au VIIe siècle de l'ère chrétienne, l'Islam naissant interdit lui aussi l'ingestion de porc ainsi que l'usage de tous les produits que l'on peut tirer de cet animal (cuir, soies, remèdes...). Mais remarquons que les tribus nomades qui, sous l'impulsion du prophète Muhammad (Mahomet), se convertissent en masse à la nouvelle religion tenaient déjà le porc pour impur et évitaient d'en manger. Une sourate du Coran dresse la liste des aliments interdits, parmi lesquels figure « la chair du porc ». Mais le texte sacré ne précise pas pourquoi le cochon est considéré comme un animal impur... De nombreuses tentatives d'explication ont alors été formulées, beaucoup faisant référence à la saleté de l'animal et au risque sanitaire lié à la consommation de sa chair sous des climats chauds. Mais l'explication véritable est probablement, là aussi, de nature symbolique et elle s'est perdue dans la nuit des temps et les sables du désert arabique.

Une sourate du Coran dresse la liste des aliments interdits, parmi lesquels figure « la chair du porc ». Mais le texte sacré ne précise pas pourquoi le cochon est considéré comme un animal impur...

L'historien Michel Pastoureau propose quant à lui une autre explication, qu'il formule de la façon suivante : « Manger du porc c'est, plus ou moins, être cannibale. » En d'autres termes, le tabou alimentaire dont le porc a été et est encore l'objet dans différentes cultures serait avant tout lié à notre proximité biologique avec cet animal… vraiment pas comme les autres.

POUR LE CHRISTIANISME MÉDIÉVAL, LE COCHON EST PORTEUR DE TOUS LES VICES

À la différence du judaïsme et de l'islam, le christianisme n'interdit pas la consommation de porc, pas plus d'ailleurs que celle de n'importe quel autre animal ou végétal. Toutes les nourritures ont été créées par Dieu, rappelle saint Paul, et donc elles ne peuvent être considérées comme impures. Seule restriction : l'interdiction de manger de la viande, quelle qu'en soit l'espèce, les jours « maigres » (soit, au minimum, le vendredi de chaque semaine et pendant des périodes particulières comme le carême, l'Avent, etc). Mais si le porc n'est pas banni de l'alimentation, l'image très négative qu'en ont les Juifs s'est malgré tout diffusée dans le monde chrétien. Les Évangiles eux-mêmes véhiculent cette image « diabolique » du cochon comme, par exemple, dans la scène où Jésus chasse du corps d'un homme les démons qui le « possédaient ». Les esprits malfaisants vont immédiatement trouver un nouveau refuge dans un troupeau de porcs. Et la célèbre parabole du Fils prodigue raconte que lorsque ce dernier a dilapidé tout son héritage, il n'a plus d'autre choix que de devenir gardien de porcs, ce qui représentait l'ultime degré de la déchéance.

À la différence du judaïsme et de l'islam, le christianisme n'interdit pas la consommation de porc, pas plus d'ailleurs que celle de n'importe quel autre animal ou végétal.

Dès le début du Moyen Âge, le christianisme fait du cochon un animal porteur de nombreux vices. Il est immonde et sale, vorace et glouton : il se goinfre d'ordures, de charognes et d'excréments et se vautre dans la boue (on sait aujourd'hui que le porc, ayant des difficultés à transpirer, a absolument besoin de se rafraîchir régulièrement et qu'il peut rester propre si on lui procure de l'eau et un environnement spacieux et tempéré). L'animal a également la réputation d'être libidineux et malfaisant (on l'associe au diable). Enfin, ayant en permanence la tête tournée vers le sol qu'il fouille de son groin, le cochon ne regarde pas Dieu… ce qui contribue à aggraver son cas !

Un des vices les plus graves que l'Occident médiéval attribue au porc est celui de la débauche, de la luxure, de la lubricité… Mais cette association n'apparaît qu'à la fin de la période médiévale : jusqu'à cette époque, c'est le chien (et surtout la chienne !) qui incarne ce défaut. Mais lorsqu'on entreprend de réhabiliter le chien pour en faire le compagnon fidèle de l'homme, c'est le porc qui va endosser ce péché capital, sa prolificité le désignant tout naturellement pour prendre la place du chien. Le cochon se met alors, comme le dit de façon amusante Michel Pastoureau, à « faire des cochonneries » (l'expression qui, à l'origine, signifiait « élever des cochons » ne prend sa connotation sexuelle qu'à la fin du XVIIe siècle).

Seule restriction : l'interdiction de manger de la viande, quelle qu'en soit l'espèce, les jours « maigres ».

Mais l'image du cochon ne se réduit pas à ce catalogue de traits négatifs. L'animal jouit en même temps d'une réelle considération. C'est, nous l'avons dit, une bête prolifique, facile à nourrir et dont toutes les parties du corps sont exploitables. Posséder un cochon, c'est avoir la garantie de disposer de viande pendant les longs mois d'hiver...

Carcasse de porc suspendue dans une boucherie. Peinture du XVIIe siècle.

LE PORC, BASE DE L'ALIMENTATION CARNÉE DES PAYSANS… ET DES URBAINS

Contrairement à une idée reçue, la viande n'est pas absente du régime alimentaire paysan au Moyen Âge. La consommation de « chair » ne se limite pas non plus à quelques rares jours fastes. Dans les campagnes médiévales, les pauvres mangent eux aussi de la viande… les jours où elle est autorisée par l'Église (les jours « gras »). Lors des grands travaux de l'été et de l'automne (fenaison, moisson, vendange…), les travailleurs embauchés à la journée dans les domaines agricoles reçoivent une ration dans laquelle la viande occupe une place importante, celle jugée nécessaire à la reconstitution de leur force de travail. Pour autant, le paysan du Moyen Âge ne mange pas de la viande chaque jour gras, et les quantités ingérées par personne (très difficiles à estimer faute de sources) ont beaucoup varié au cours du millénaire médiéval. Surtout, la viande que consomment les habitants des campagnes est rarement de la viande fraîche : une famille paysanne, même élargie à ses voisins, ne peut consommer en une ou deux semaines la totalité de la viande du bœuf ou du porc abattu. Faute de réfrigérateur et de congélateur, elle n'a d'autre choix que de sécher, fumer ou saler cette viande fraîche. Ou de vendre celle-ci sur le marché (notamment les meilleurs morceaux) de façon à se procurer l'argent nécessaire aux achats du ménage. Parmi les viandes de conserve qui représentent donc l'essentiel de la consommation carnée des paysans, c'est celle de porc qui occupe la première place (sauf dans certaines régions où c'est la chèvre ou le mouton qui dominent).

Dans les campagnes médiévales, les pauvres mangent eux aussi de la viande… les jours où elle est autorisée par l'Église.

Mort de Philippe de France à Paris en 1131 : le fils de Louis VI le Gros tombe de son cheval qui a été effrayé par un cochon.

Au sein des villes, les classes modestes peuvent acheter de la viande dans les boucheries. Y compris de la viande de porc, cet aliment n'étant pas l'apanage exclusif des campagnes.

À l'instar des paysans, les urbains, même modestes, mangent assez régulièrement de la viande, et en quantité significative, mais ce n'est pas celle qui remplit le ventre des couches urbaines aisées. En effet, le « bas peuple » des villes a seulement accès aux tripes et aux « bas morceaux », ces derniers étant vendus dans les boutiques de « petite boucherie ». Dans celles-ci, on trouve de la viande de chèvre et de bouc, de bélier et de brebis, de vieille vache et... de vieille truie et de porc salé. La « grande boucherie », quant à elle, propose la viande fraîche et tendre du mouton et des jeunes animaux de lait (veaux, chevreaux, agneaux, porcelets) ainsi que la viande des bœufs engraissés (que les élites aristocratiques médiévales jugent toutefois indignes de leur rang).

Au Moyen Âge, les porcs n'étaient pas seulement présents dans les campagnes et les forêts.

LE PORC, ÉBOUEUR DE LA VILLE MÉDIÉVALE

Au Moyen Âge, les porcs n'étaient pas seulement présents dans les campagnes et les forêts. On les trouvait aussi au cœur des villes, où ils faisaient l'objet de petits

7 sepultū . viii. kł. iul.

élevages. En dévorant les ordures jetées dans la rue, les porcs remplissaient la fonction très utile d'éboueurs urbains. Revers de la médaille, ces mêmes cochons détruisaient parfois une boutique ou un jardin, envahissaient un champ de céréales aux portes de la ville, déterraient les cadavres des cimetières ou encore causaient des accidents graves. Comme celui qui, en 1331, fit brutalement tomber de cheval et occasionna la mort du fils aîné du roi Louis VI le Gros. Un décret royal fut aussitôt promulgué afin d'interdire les divagations des cochons. Seuls purent continuer à circuler librement dans les cités médiévales les porcs des religieux de l'ordre de saint Antoine (le grand saint, en effet, est connu pour avoir eu un cochon comme plus fidèle compagnon).

DES COCHONS ENVOYÉS DEVANT LES TRIBUNAUX ET CONDAMNÉS À MORT

Lorsque les cochons causaient la mort d'adultes ou (plus souvent) d'enfants, ils étaient parfois traînés devant les tribunaux. Entre le XIIIe et le XVIIe siècle, de nombreux animaux – y compris des rats, des sauterelles et des vers coupables d'avoir ravagé des cultures ou des stocks de grains – ont ainsi fait l'objet de procès et de condamnations. On les considérait en effet comme responsables de leurs actes... Mais les cochons ont représenté les neuf dixièmes des animaux jugés lors de la centaine de procès dont on a conservé la trace jusqu'à aujourd'hui. Parmi eux, la truie de Falaise, une cité normande, a défrayé la chronique. En 1386, l'animal dévore Jean le Maux, un bébé de 3 mois. À l'issue de 9 jours d'un procès irréprochable (elle a bénéficié d'un avocat commis d'office), la truie est condamnée à mort : la sentence lui est annoncée solennellement dans sa cellule. Habillée de vêtements d'homme et de gants blancs, elle est conduite à l'échafaud, sous le regard d'une foule nombreuse au sein de laquelle on compte, outre le vicomte et la noblesse locale, de nombreux paysans venus assister au spectacle avec leurs cochons (afin que la vue du châtiment leur serve de leçon !). Le bourreau commence par trancher le groin de la truie, puis il lui entaille la cuisse et la pend par les pattes jusqu'à ce que, ayant perdu tout son sang, elle rende son dernier soupir. Le cadavre, traîné par une jument, fait ensuite plusieurs fois le tour de la place. Enfin, les morceaux de l'animal sont brûlés et les cendres dispersées...

À l'issue de neuf jours d'un procès irréprochable (elle a bénéficié d'un avocat commis d'office), la truie est condamnée à mort : la sentence lui est annoncée solennellement dans sa cellule. Habillée de vêtements d'homme et de gants blancs, elle est conduite à l'échafaud.

Un cochon est abattu au mois de novembre. Gravure datant du XIe siècle.

LE TEMPS DE LA GLANDÉE COMMENCE PAR LA « TRANSHUMANCE » DES COCHONS

Les cochons parcouraient des dizaines de kilomètres pour se rendre dans les forêts qui allaient les accueillir pendant 2 à 3 mois.

Tout au long de l'automne, les porcs étaient engraissés dans les forêts de chênes, de hêtres et de châtaigniers qui leur procuraient glands, faines et châtaignes (la taille d'un bois ou d'un massif forestier était d'ailleurs exprimée par le nombre de cochons qu'il était capable de nourrir). Cette « glandée » commençait généralement au mois d'octobre et pouvait même se prolonger jusqu'à la fin de l'hiver si la production de ces fruits sauvages avait été suffisante. Les animaux étaient conduits par un ou plusieurs porchers : leur rôle ne consistait pas seulement à mener et à surveiller les animaux, mais aussi à taper sur les branches des arbres avec de grandes gaules pour en faire tomber les fruits. Dans de nombreuses régions, la glandée nécessitait une véritable « trans-

Cochons mangeant des glands en septembre. Miniature datant du XIIIe siècle.

Fermiers, en France, tuant un cochon au début du XXe siècle.

humance » des cochons : ceux-ci parcouraient des dizaines de kilomètres pour se rendre dans les forêts qui allaient les accueillir pendant 2 à 3 mois. Mais progressivement les forêts médiévales ont vu leur surface se réduire (avec les défrichements) et sont devenues le domaine réservé des seigneurs et des communautés monastiques : pour pouvoir continuer à y amener leurs cochons, les paysans ont dû s'acquitter de droits de « paisson » auprès des propriétaires forestiers.

À la fin du XVIIIe siècle, l'élevage porcin s'était totalement sédentarisé.

À partir du milieu du XVIIe siècle, les rois de France n'eurent de cesse d'intensifier l'exploitation des forêts en vue de fournir le bois nécessaire à la construction de leurs navires de guerre et de commerce. Parallèlement, l'urbanisation progressant rapidement, les villes eurent besoin de plus de bois de chauffage et de construction, tandis qu'ateliers et fabriques réclamaient davantage de combustible. Les porcs se trouvèrent alors peu à peu exclus des forêts. À la fin du XVIIIe siècle, l'élevage porcin s'était totalement sédentarisé. Mais à la ferme, il commençait à profiter, en plus des céréales et des déchets domestiques, de deux nouveaux aliments de haute qualité nutritive : le maïs et la pomme de terre.

DE L'ABATTAGE FAMILIAL À L'APPARITION DES « CHAIRCUITIERS »

Lorsque le porc était parvenu au terme de son engraissement, à l'entrée de l'hiver (mais parfois un peu plus tard), il fallait songer à l'abattre. Du Moyen Âge jusqu'au milieu du XXe siècle, cette « tuaison » (ou tue-cochon) a représenté un temps fort de la vie communautaire paysanne et rurale. L'événement était l'occasion de réunir

Devanture d'une boucherie parisienne dans les années 1950.

la famille et, souvent, les voisins du village (on s'arrangeait pour ne pas tuer deux cochons le même jour dans le même hameau, car l'opération exigeait une main-d'œuvre nombreuse). L'animal était d'abord assommé par le « tueur » d'un coup porté à la tête à l'aide d'un bâton ou d'un maillet, puis il était égorgé (le « saigneur » lui sectionnait la carotide). Le porc était vidé de son sang le plus complètement et le plus rapidement possible, cette opération favorisant la conservation de la viande. Les femmes récupéraient et brassaient ce sang dans une grande bassine : il allait servir à confectionner des boudins. Les soies, puis la peau, étaient grattées, et les viscères enlevés (les abats ne pouvaient qu'être consommés frais). Venait ensuite le travail de découpe des morceaux puis la fabrication des saucisses, saucissons, andouilles, jambons et autres salaisons et charcuteries... La fête de la « Saint-Cochon » concluait ces journées de travail : un grand repas, uniquement constitué de viande (une exception !), rassemblait ceux qui avaient participé au sacrifice du cochon ainsi que, plus largement, la famille, les amis et les voisins du village.

L'événement était l'occasion de réunir la famille et, souvent, les voisins du village (on s'arrangeait pour ne pas tuer deux cochons le même jour dans le même hameau, car l'opération exigeait une main-d'œuvre nombreuse).

À l'origine, les charcutiers (à l'époque, on disait « chaircuitiers ») n'étaient pas les spécialistes du cochon. Le terme désignait les artisans de bouche à qui avait été octroyé le droit de vendre de la chair cuite (d'où leur nom), que celle-ci soit de bœuf, de veau, d'agneau ou de porc. En revanche, il leur était interdit d'abattre eux-mêmes les animaux et de commercialiser de la viande fraîche. Plus tard, ces artisans se spécialiseront dans la viande de cochon, qu'ils pourront vendre également fraîche. Au XVIe siècle, François Rabelais évoque à plusieurs reprises les multiples produits proposées par ces chaircuitiers : « Jambons, saulcisses, saulcissons,

Au XVIe siècle, François Rabelais évoque à plusieurs reprises les multiples produits proposées par ces chaircuitiers.

Le cochon, symbole d'argent et de prospérité.

cervelatz, boudins, andouilles, fricandeaux, pastez, saumates [pieds de porc], coustelettes, hastereaux [tranches de foie rôties], eschinés... »

LES COCHONS NE SONT ROSES QUE DEPUIS DEUX OU TROIS SIÈCLES !

Il a fallu attendre le XVIIIe siècle pour voir apparaître des cochons roses ! Cette couleur est le résultat du croisement de races européennes avec des porcs asiatiques. Auparavant, les cochons étaient noirs, gris ou bruns et ressemblaient davantage à nos sangliers actuels... avec lesquels ils s'accouplaient lorsqu'ils se retrouvaient dans la même forêt pendant la période de la glandée. Ces cochons médiévaux étaient moins courts sur pattes, car ils couraient et bougeaient beaucoup plus que nos actuels cochons industriels, ils avaient un groin plus long, des soies (poils) plus raides et dures, des canines de grande taille ressemblant à des petites défenses...

L'ESSOR DE LA PRODUCTION ET DE LA CONSOMMATION DE PORC

Le XIXe siècle voit l'élevage des porcs entrer dans l'ère de l'industrialisation. L'essor de la production porcine est favorisé par la généralisation de la culture de la pomme de terre et par la production croissante de déchets alimentaires issus des industries (meunerie, laiteries, etc) et aussi des ménages, hôpitaux, casernes et écoles. Des « farines » sont produites qui, aux côtés des céréales et, plus récemment, du soja, permettent de nourrir des élevages toujours plus nombreux et conduits de manière toujours plus intensive. Parallèlement, des races de porcs plus productives et plus résistantes sont sélectionnées.

Entre 1789 et 1840, la consommation de porc par les urbains est multipliée par deux ! Et les boutiques de charcutiers s'ouvrent les unes après les autres.

Dans le même temps, la consommation de viande de porc s'accroît. Au début du XIXe siècle, son prix diminue dans les boucheries. Surtout, la viande de bœuf commence à manquer à la suite des bouleversements engendrés par la Révolution puis des guerres incessantes de l'Empire. Entre 1789 et 1840, la consommation de porc par les urbains est multipliée par deux ! Et les boutiques de charcutiers s'ouvrent les unes après les autres. Le porc devient la viande bon marché... Mais bientôt les choses changent : l'augmentation du pouvoir d'achat conduit les Fran-

Après avoir tué le cochon, le charcutier prépare les salaisons. France vers 1935.

çais à se tourner préférentiellement vers la viande de bœuf, considérée comme la plus noble. À la différence des autres viandes de boucherie qui n'ont cessé de décliner, la consommation de porc en France est demeurée quasiment stable entre 2003 et 2010. Chaque Français adulte en mange aujourd'hui 4,5 kg par an en moyenne, ce qui place la viande de porc en seconde position, mais loin derrière la viande de bœuf (près de 12 kg par an). Au niveau mondial, le porc demeure la viande la plus consommée sur la planète (même si elle ne l'est pas par les musulmans).

Au niveau mondial, le porc demeure la viande la plus consommée sur la planète.

Éric BIRLOUEZ
Ingénieur agronome, enseignant en sociologie et histoire de l'alimentation.

DU PRÉ

à l'assiette

UNE HISTOIRE D'ÉLEVEUR

Éric Ospital travaille avec deux fournisseurs : le GAEC Belarrea et l'élevage Iratzia à Saint-Jean-Pied-de-Port avec Jean Guenard et son fils Julien.

Jean-Léon Larre, son fils Eñaut et sa femme Jeanine se sont installés en 1983 à Saint-Étienne-de-Baigorry et élèvent des cochons en plein air depuis 2000.

Louis Ospital, le père d'Éric, leur avait proposé d'élever des cochons selon le label ibaïona. Ils ont adhéré à cette charte qui permet de se différencier des autres éleveurs en privilégiant la très bonne qualité.

Le cochon est élevé de la façon suivante pour répondre au label ibaïona : les six premiers mois, il est à la porcherie, puis il part pour 3 mois dans la nature, où il mange ce qu'il désire, et, dernière étape, il revient ensuite pendant 15 jours dans la porcherie avant de partir à l'abattoir : cette période de retour « à la maison » est très importante pour éviter le stress.

Les cochons sont nourris de céréales, de maïs, de blé, d'orge sans OGM. Leur poids final avoisine les 200 kg. Malgré une nourriture abondante lorsqu'ils sont dehors, les cochons ne font pas de mauvais gras, car ils se dépensent énormément.

BOUCHERIE - CHARCUTERIE
TRAITEUR
L. OSPITAL
SAGARNO AFARIA
KUXKUXTU
OUVERT
Gault&Millau
2012
HASPARREN
Site : www.moncine.fr
Cinéma
Chèque Déjeuner
Ticket Restaurant
SAVEURS
2011

UNE HISTOIRE DE FAMILLE, PAR ÉRIC OSPITAL

À l'âge de 14 ans, mon père a commencé son apprentissage chez un boucher-charcutier de Saint-Jean-Pied-de-Port. M. Pécoits lui a tout appris : le salage des jambons à la main, l'affinage naturel à l'air libre au gré des vents et des saisons, et lui a transmis la passion du métier.

Il était une fois

En 1971, mon père a 20 ans, il se marie et décide d'ouvrir sa propre boucherie-charcuterie avec ma mère à Hasparren. Il élabore des jambons qu'il affine naturellement à l'air libre et de la bonne charcuterie. La preuve, il obtient dans les années 1980, avec son chef Jean-Pierre Goiceochea, un passionné lui aussi, deux palmes d'or du jambon cuit supérieur maison, décernées par la Confédération nationale des charcutiers-traiteurs.
Hasparren, petite ville d'Aquitaine, est alors en plein essor grâce à la présence de fabricants de chaussures, d'espadrilles. Mon père décide donc d'orienter son entreprise vers le métier de traiteur. Et cette idée est bien reçue. Il développe cette activité en préparant des baptêmes, des communions, des mariages, mais aussi des plats cuisinés.
Lorsque je suis rentré travailler avec mon père, mon expérience a permis d'amener une petite touche personnelle aux plats cuisinés. Nous passions de longues heures à travailler, il y avait 15 salariés ; mes parents étaient contents, car ils vivaient de leur travail.

Un tournant

Un jour, après avoir préparé un banquet pour 1 500 personnes, je dis à mon père à la fin du service alors que nous rangions le matériel : « Je pense qu'il faut revenir à la source, faire ce que tu faisais au début : le jambon et la charcuterie, affinés à l'air libre. On gagne de l'argent, mais au détriment d'une qualité de vie et d'un objectif : rester artisan. » Pour ma part, j'ai besoin d'une ligne dans la vie, il n'y a pas que l'argent, il y aussi prendre du plaisir à ce que l'on fait. Nous sommes à la fin des années 1990, et l'entreprise prend un virage. Mon père était un peu réticent, mais avait une grande confiance en moi.
Je décide de monter à Paris avec ma femme, après la naissance de mon fils Louis. Je vais voir Yves Camdeborde, qui va m'ouvrir les portes de plusieurs restaurants et les cuisines du ministère des Affaires étrangères. Une belle histoire commence, et le carnet de commandes se remplit.
Il y a maintenant 22 personnes qui travaillent dans l'entreprise, dont des apprentis.

Des produits de grande qualité

En tant qu'artisans soucieux du produit artisanal et traditionnel que nous commercialisons et que nous consommons, nous avons revu toutes nos recettes, privilégiant la qualité des matières premières à leur tarif. Nous avons choisi de travailler exclusivement avec des producteurs et des artisans locaux, passionnés par leurs produits tout comme nous, afin de nous approcher le plus possible d'un produit authentique, naturel et artisanal.

Une partie de l'équipe, de gauche à droite : Stéphanie, Olivier, May-Do, Éric, Sylvie, Yvonne.

Par exemple, nous élaborons notre jambon blanc avec un assaisonnement et une décoction (méthode d'extraction de principes actifs) qui nous est propre : bouillon neutre (sans sel) à base de légumes frais (oignons propres avec la peau, carottes, poireaux, thym, laurier, baies de genièvre, clous de girofle, ail avec sa peau) dans lequel nous avons ajouté du miel d'acacia nous permettant d'obtenir une couleur orangée. Nous restons convaincus que le savoir-faire artisanal, sans tromperie ni artifice, est un patrimoine à préserver. Mais il n'y a pas que le jambon, nous travaillons toute la carcasse du cochon : des pieds à la tête, tout peut être commercialisé et consommé. Et, comme le dit l'adage : « Tout est bon dans le cochon. »

Ma mère, Yvonne.

SUD OUEST

Louis OSPIT
IBAIONA

Cochon Ibaiona
Nº de lot : 170613
RÉSERVÉ
Boucherie Lamartine
J.-Marie Le Bourdonnec
PARIS 16ème
Cochon Ibaiona
Nº de lot : 170613
RÉSERVÉ
Restaurant
La Villa Corse
PARIS 15ème & 16ème
Cochon Ibaiona
Nº de lot : 170613
RÉSERVÉ
PARIS 17ème

Cassoulet Basque
Ospital
Cassoulet basque 800gr
12,90 €
Filet de Porc confit
Axoa
Axoa bocal 750gr
16,40 €
Axoa
14 05 16
Confit de Canard
2 cuisses

Restaurant
la Cantine du troquet
PARIS 14e
Christian ETCHEBEST
Restaurant
le Comptoir du Relais
PARIS 6e
Yves CAMDEBORDE

UNE HISTOIRE DE JAMBON

Année 1985 : les charcutiers, Jeantou et Jacques Montauzer, Sauveur Mayté et Louis Ospital – le père d'Éric –, se retrouvent à la foire au jambon de Bayonne. Ils fêtent comme il se doit leurs retrouvailles autour du jambon et décident d'unir leurs efforts pour imaginer un jambon d'exception baptisé « ibaïona », « la bonne source » en français.

Région et affinage naturel

Avec une tradition plus que millénaire, liée à son climat et à sa géologie, le Pays basque possède tous les atouts pour élaborer des jambons.
Eau, végétation touffue, sels abondants, c'est la seule région capable de produire le sel nécessaire au salage des jambons.
Les rares gelées, l'alternance d'un temps doux et frais avec de brusques réchauffements en hiver, les mouvements créés par la barrière des Pyrénées, l'effet de foehn (vent sec et chaud soufflant en hiver au Pays basque) jouent un rôle dans la pénétration du sel et l'affinage des jambons. Telles sont les conditions idéales à l'élaboration de jambons de grande qualité.

Une association entre charcutiers et éleveurs

Pas de bons jambons sans de bons cochons. À l'époque, les charcutiers rencontrent deux éleveurs. Ils définissent ensemble un cahier des charges rigoureux. Ils décident de croiser plusieurs races de cochons (large white, piétrain, duroc...) ; de leur donner une alimentation saine aux céréales sans OGM, sans antibiotiques et sans farines animales ; de les élever pendant un minimum de 12 mois jusqu'à ce que leur poids atteigne au moins 180 kg.
Cette volonté d'un travail commun rejoint le principe d'équitabilité selon lequel les éleveurs peuvent vivre du fruit de leur travail.

Le savoir-faire du charcutier

Les charcutiers perpétuent la méthode ancestrale de la salaison : les jambons sont frottés lentement à la main au sel sec de Salies-de-Béarn – qui permet une longue conservation – et vont rester ainsi environ un jour par kilo au sel. Séchés à l'air libre, naturellement, dans un grenier, les jambons vont ainsi s'affiner au gré des vents. Vingt mois d'affinage au minimum sont nécessaires pour acquérir toute leur saveur et leur texture fondante.

Vérification de la qualité du sel.

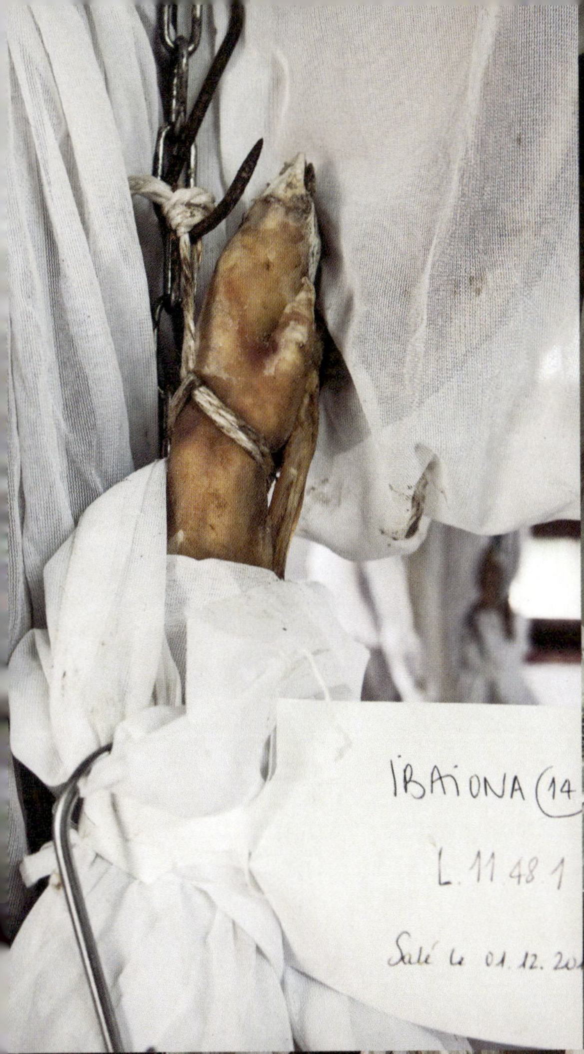

Séchoir naturel où les jambons ibaïona s'affinent. Les jambons sont « marqués » et permettent leur traçabilité, et cela depuis 1985 avec la création du label ibaïona.

Affinage naturel des jambons
dans le grenier de la maison familiale.

Restaurant
la
Cantine
du
troquet
PARIS 14e
Christian EtcHEBEST

Christian Montauzer, Éric Mayté
et Éric Ospital, les trois artisans du label ibaïona.

LA FOIRE AU JAMBON DE BAYONNE

Cette grande foire a été créée en 1462. Elle perpétue une légende qui met à l'honneur le jambon de Bayonne pendant les fêtes pascales avec pour point d'orgue le concours du meilleur jambon fermier.

Pourquoi « jambon de Bayonne » ?

Selon la légende, l'histoire du jambon de Bayonne commence au cours d'une battue au sanglier. Le chasseur, Gaston Phœbus, blessa un sanglier de la harde. L'animal prit la fuite et fut découvert, un peu plus tard, noyé dans une source salée de Salies-de-Béarn, en parfait état de conservation. C'est ainsi que commença la salaison de la viande dans le bassin de l'Adour.
Depuis 551 ans, tous les paysans qui fabriquent leur jambon ont coutume de l'apporter à Bayonne, et ce parce que Bayonne était le port d'expédition des jambons dans le monde entier. C'est ce qui explique aussi la dénomination « jambon de Bayonne ».

Une fête exceptionnelle

Cette fête, moins bien connue que les fêtes de Bayonne, est un rassemblement énorme qui, depuis environ 5 ans, explose littéralement. Les gens viennent de la France entière, et il n'y a plus une seule chambre d'hôtel de libre. À cette période de l'année, durant la semaine sainte, souvent un peu morose, ce rassemblement est un moyen de s'évader et de faire la fête. Il y a des txistus – petites flûtes basques avec un tambour –, des gaïtas – flûte avec un son assez aigu –, des bandas, des confréries qui défilent, des artisans qui viennent vendre leur piment d'Espelette, du fromage et, bien sûr, du jambon.
Une trentaine de charcutiers, perpétuant chacun leur savoir-faire, viennent vendre leur jambon de Bayonne. Même si la fabrication du jambon de Bayonne a évolué au cours des années, pour avoir cette dénomination, il faut respecter un cahier des charges très strict. Un changement important dans la fabrication est le salage : autrefois, on salait beaucoup les jambons pour leur permettre une bonne conservation, aujourd'hui, le fait de les garder jusqu'à 8 mois au froid évite de trop les saler et ils sont bien meilleurs.

Le concours du jambon fermier

Le point d'orgue de la foire au jambon est le concours du meilleur jambon fermier. Chaque paysan apporte ses jambons, et un jury, constitué de charcutiers et de salaisonniers, rend son verdict. Il doit examiner, sonder et humer les jambons avant de se prononcer. Le gagnant reçoit soit un prix, soit de l'argent.
Une année, il y a eu une vente aux enchères du meilleur jambon : des chefs cuisiniers faisaient monter les enchères, et le jambon est parti pour 2 000 euros ! Le jambon faisait 20 kg : 100 euros le kilo, c'est magnifique.

Le jury sonde les jambons sur différents points à l'aide de l'os du péroné d'un cheval.

Guy Ospital, l'oncle d'Éric, qui a toujours été très présent dans l'aventure familiale.

Joueur de txistu et de gaïta.

Lorsque le jury a fini de « sonder » les jambons, il désigne ensemble le « bayonnable » (l'heureux gagnant), et un officiel de la mairie de Bayonne appose le sceau « jambon de Bayonne ».

FOIRE AU JAMBON
2013
CONCOURS DU JAMBON
FERMIER
N° 1A
NOM HUALDE
Prénom Marcel
Pesée 19.500

CHARCUTERIE · CONSERVES
Louis OSPITAL
RUE du Dr Jean LISSAR 64240 HASPARREN
FAX et TEL. 59.29.63.06
IBAÏONA

Le Kaiola, près d'Hasparren, dans la montagne de l'Ursuya où s'est déroulée la grande fête du cochon. Le sens de l'amitié et du partage fait partie intégrante de cette bande de copains.

De gauche à droite : David Arruabarrena, Jean-Pierre Cachau, Christian Etchebest, Éric Ospital, Thierry Faucher, Stéphane Jego, Philippe Tredgeu, Bertrand Bluy, Yves Camdeborde.

De gauche à droite : Yves Camdeborde, Christian Etchebest, Philippe Tredgeu, Stéphane Jego, Éric Ospital, Bertrand Bluy, David Arruabarrena, Thierry Faucher, Jean-Pierre Cachau.

De gauche à droite : Yves Camdeborde, Fabrice le Bourdat, Marc Mouton, Julien Duboué, Benjamin Arnaboldi, Benoît Gauthier, Christian Constant, Vincent Deyre, Éric Ospital.

TOUT EST BON,

oui, mais où c'est ?

ANATOMIE DU COCHON

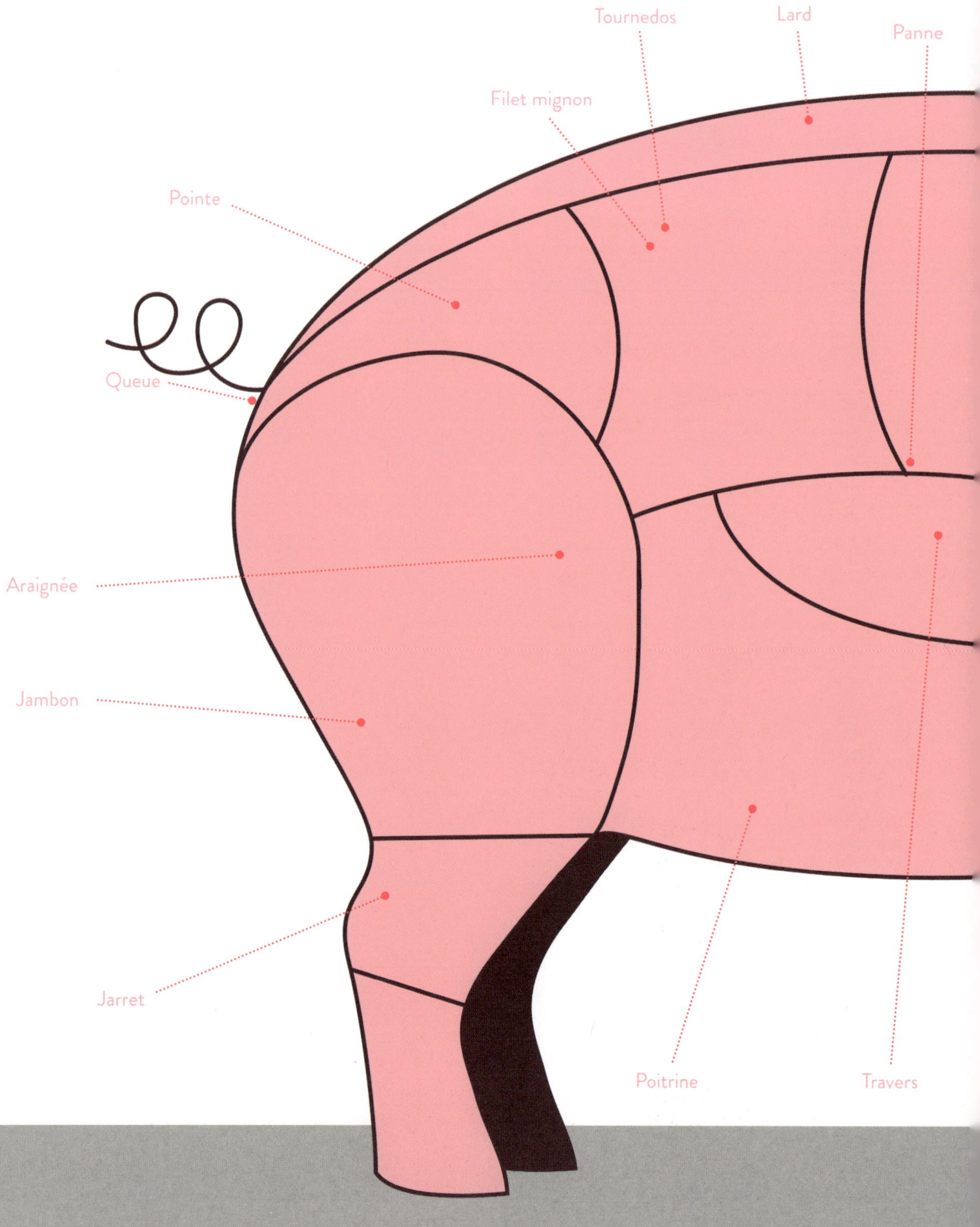

Carré de côtes
Grillade
ou levure
Échine
Pluma
Lepoa
Oreille
Museau
Groin
Joue
Plat de côte
Gorge
Paleron
Épaule
Jarret
Onglet
Osseline
Pied

MORCEAUX CHOISIS

Retrouvez les différents morceaux du cochon, connus et moins connus, comme l'onglet, le lepoa mais aussi la classique échine et la grosse côte de cochon.

Le lepoa

(à commander chez votre charcutier)

Signifiant littéralement le « cou », en langue basque, ces deux petites pièces de cochon sont placées entre la longe et la tête du cochon. Ici, le lepoa se présente sous la forme d'un petit rôti de 15 cm de long et ne pèse pas plus de 300 g.
À la demande d'Yves Camdeborde, avide de nouveauté, Éric Ospital a « trouvé » en découpant de façon différente un morceau de choix exploité jusqu'ici d'une autre manière. Le lepoa ne peut être prélevé que sur des cochons lourds et âgés d'au minimum de 12 mois. D'une surprenante tendreté, le lepoa se déguste légèrement rosé (un paradoxe pour du cochon, généralement bien cuit).

L'araignée

Ce morceau de choix est très tendre ; il y a 2 pièces d'araignée par cochon, se situant à l'arrière de ce dernier, plus précisément sur les jambons. Particularité : sa texture souple fait souvent penser à du blanc de volaille.

L'axoa

Il s'agit de l'épaule de cochon coupée en petits dés afin de réaliser la célèbre recette basque.

La côte épaisse de cochon

(à commander chez votre charcutier)

Cette double côte de cochon, appelée « *txuleta* » au Pays basque et en Espagne, pèse en moyenne 1, 2 kg avec la couenne et la barbière.

La couenne

Elle entre dans la composition de beaucoup de recettes, comme pour entourer un rôti, mettre au fond d'une cocotte pour une daube. Particularité : elle donne une gelée qui permet de rendre les plats plus fondants.

Le couston (ou travers)

Les travers, ou coustons, correspondent aux côtes présentes au niveau de la cage thoracique du cochon.

La crépinette

Confectionnée à base de chair à saucisse puis enveloppée dans une crépine, la crépinette se déguste uniquement poêlée.

L'échine

Morceau comprenant une partie du cou et les 5 côtes premières ; particulièrement persillée, l'échine est goûteuse et tendre. Particularité : c'est certainement le meilleur morceau, et en tout cas le plus populaire.

Le groin

Rares sont les restaurants proposant ce morceau, qui est un abat, bien qu'il soit très savoureux, aussi bien en salade que cuit en cocotte.

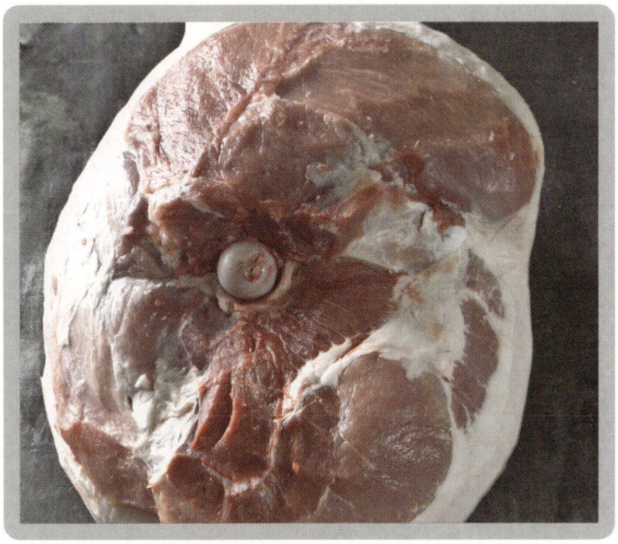

Le jambon

Le jambon au naturel. Soit il deviendra jambon blanc après cuisson, soit, une fois salé au sel sec puis affiné, jambon sec.

Le jarret

S'utilise dans de nombreuses recettes, telles que la choucroute ou les lentilles au jarret. Particularité : c'est un morceau très gélatineux, mais très goûteux.

La joue

Il s'agit d'un abat dont la particularité est de n'être pas du tout gras.

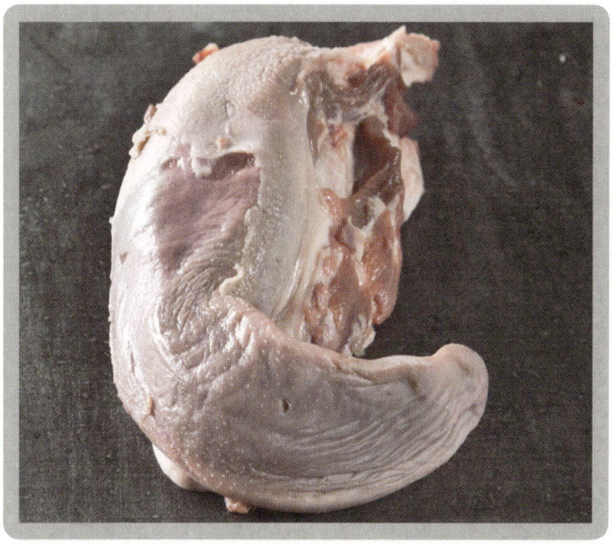

La langue

Comme la joue, la langue est un abat. Elle rentre dans la composition de nombreuses recettes.

L'onglet ou l'osseline

(à commander chez votre charcutier)

Morceau situé sur le ventre du cochon, à petites fibres, sous forme de longue bande. Particularité : il faut le laisser « maturer » afin de le rendre tendre et goûteux.

L'oreille

À la fois moelleuse et croquante, l'oreille a de nombreux amateurs qui l'apprécieront, après une longue cuisson, aussi bien en salade que grillée à la plancha.

Le paleron

(à commander chez votre charcutier)

Il se trouve dans la partie supérieure et postérieure de l'épaule. Il est très intéressant pour son nerf gélatineux et goûteux après une longue cuisson.

La panne

Elle est située au niveau des vertèbres lombaires et enveloppe les reins et le haut des intestins. Cette graisse est appelée « saindoux » quand elle est hachée puis fondue, le reste de la cuisson est utilisé pour les chichons.

La poitrine fraîche

Un morceau que l'on peut déguster sans préparation particulière, au four, et qui peut aussi se transformer en ventrèche ; après salage et affinage, on la dégustera alors poêlée en fines tranches.

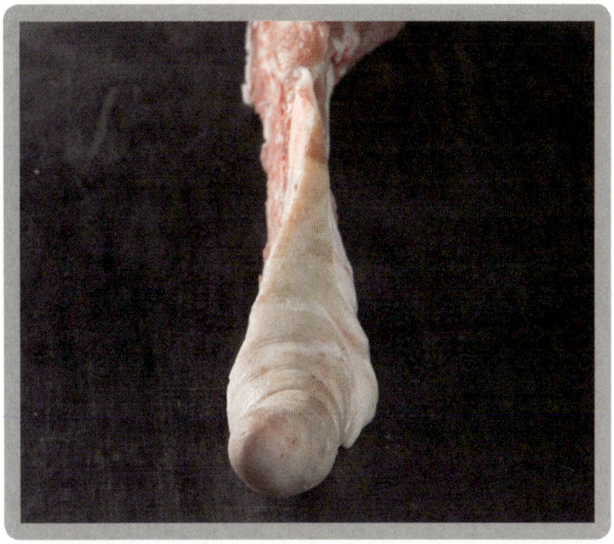

La queue

Partie extrême du cochon, très peu utilisée en cuisine, du fait de sa petite taille.

Le rôti dans l'épaule

Un rôti tendre, moelleux, goûteux et bien persillé.

Le tournedos

(à commander chez votre charcutier)

Il s'agit d'une petite pièce confectionnée dans le filet mignon « uniquement », bardée et ficelée puis découpée sur une épaisseur de 4 à 5 cm. Particularité : pièce noble, peu grasse.

RECETTES

Les entrées

Bouillon trouble xamango, copeaux de nos montagnes

Ingrédients
pour 6 personnes

* 2 carottes
* 2 oignons
* 1 poireau
* 1 botte de persil plat
* 1 kg d'os de cochon
* 1/2 tête de cochon
* 1 xamango de cochon (ou talon de jambon)
* Piment d'Espelette
* Copeaux de fromage des Pyrénées
* Sel, poivre

Préparation

1 Épluchez les carottes, les oignons, nettoyez le poireau et le persil.

2 Faites blanchir dans une marmite les os de cochon, la demi-tête et le xamango.

3 Rincez les viandes et remettez-les dans la marmite vidée. Ajoutez les légumes et aromates, du piment d'Espelette, salez, poivrez, puis couvrez d'eau à hauteur et faites cuire pendant 3 heures à feu doux.

4 Récupérez les légumes à l'aide d'une écumoire, détaillez-les en rondelles. Passez le bouillon au chinois fin, rectifiez l'assaisonnement si nécessaire.

5 Dressez la viande et les légumes sur un plat de service creux, parsemez de copeaux de fromage des Pyrénées. Servez avec le bouillon bien chaud présenté en soupière.

Préparation : 20 minutes | Cuisson : 3 heures

xamango

Carpaccio de boudin et betteraves, grosses câpres

Ingrédients
pour 4 personnes

* 1 oignon nouveau
* 1 c. à s. de moutarde à l'ancienne
* 10 cl de crème liquide
* Le jus de 1/2 citron
* Piment d'Espelette
* 1 boîte de boudin de 400 g
* 2 betteraves cuites
* 50 g de copeaux de parmesan
* 1 c. à s. de grosses câpres
* Sel, poivre

Préparation

1 Pelez et émincez l'oignon. Mettez la moutarde, la crème liquide, le jus de citron, du piment d'Espelette, du sel et du poivre dans un bol, mélangez bien.

2 Détaillez le boudin en fines rondelles. Épluchez et coupez les betteraves en fines rondelles également.

3 Disposez alternativement dans chaque assiette des rondelles de betterave et des rondelles de boudin, parsemez de copeaux de parmesan, arrosez de sauce et garnissez de câpres.

Préparation : 10 minutes | Pas de cuisson

boudin

Choux farcis de la *Cantine*

Ingrédients
pour 4 personnes

* 4 belles feuilles tendres de chou vert
* 100 g d'oignons
* Huile d'olive
* Beurre
* 1 branche de thym
* 1 feuille de laurier
* Piment d'Espelette
* 1 gousse d'ail
* 400 g de pieds de cochon cuits et désossés
* 150 g de chair à saucisse
* 4 c. à s. de jus de viande
* Sel, poivre

Préparation

1 Faites blanchir les feuilles de chou vert de 3 à 4 minutes dans de l'eau bouillante, puis plongez-les aussitôt dans de l'eau glacée. Égouttez-les bien et réservez-les au frais.

2 Épluchez et émincez les oignons. Faites-les compoter dans une sauteuse avec un peu d'huile d'olive et du beurre. Ajoutez le thym, le laurier, du piment d'Espelette, du sel, du poivre et la gousse d'ail pelée et écrasée.

3 Détaillez grossièrement les pieds de cochon et ajoutez-les à la compotée d'oignons. Laissez mijoter pendant 45 minutes.

4 Mettez la chair à saucisse dans une poêle chaude avec un peu d'huile d'olive et faites-la revenir jusqu'à obtention d'une légère coloration, puis ajoutez-la à la préparation précédente.

5 Découpez des disques dans les feuilles de chou à l'aide d'un emporte-pièce. Déposez un peu de farce au centre de chaque disque, puis refermez soigneusement en repliant le chou sur la farce.

6 Mettez les choux farcis dans un plat en fonte, arrosez-les de jus de viande et faites cuire au four à 180 °C pendant 10 minutes. Servez dès la sortie du four.

Préparation : 20 minutes | Cuisson : environ 1 heure

pied de cochon

Club sandwiches revisités au lomo sec

Ingrédients
pour 4 club sandwiches

* 4 cœurs de sucrine
* 4 c. à s. de mayonnaise
* Piment d'Espelette
* 4 tomates bien mûres mondées
* 4 œufs durs
* 12 tranches de pain de mie
* 24 guindillas (piments doux)
* 36 tranches de lomo sec
* Sel, poivre

Préparation

1 Rincez et émincez finement les cœurs de sucrine. Mettez-les dans un saladier avec la mayonnaise, du piment d'Espelette, du sel et du poivre, mélangez bien.

2 Coupez les tomates et les œufs durs en fines rondelles. Toastez les tranches de pain de mie.

3 Nappez 1 tranche de pain de mie avec la sucrine liée à la mayonnaise, des rondelles d'œuf dur et de tomate, 3 guindillas et 3 tranches de lomo, recouvrez de 1 tranche de pain de mie. Répétez l'opération une fois et terminez par 1 tranche de pain avec 3 tranches de lomo dessus. Procédez de même pour les autres sandwiches.

4 Vous pouvez servir ces club sandwiches avec une salade verte.

Préparation : 10 minutes | Pas de cuisson

lomo

Fines tranches de jambon ibaïona, pain à l'ail et à la tomate

Ingrédients
pour 4 personnes

* 4 belles tranches de pain de campagne
* 1 tête d'ail
* 3 tomates bien mûres
* Huile d'olive
* 4 tranches de jambon ibaïona
* Sel, poivre

Préparation

1 Faites griller les tranches de pain de campagne.

2 Coupez la tête d'ail dans le sens horizontal.

3 Frottez les tranches de pain de campagne avec la tête d'ail et la chair des tomates bien mûres. Versez un peu d'huile d'olive dessus. Salez et poivrez.

4 Posez délicatement les tranches de jambon ibaïona sur une ardoise et dégustez-les avec le pain frotté à l'ail et à la tomate.

Préparation : 10 minutes | Pas de cuisson

jambon ibaïona

Groins de cochon et rattes à l'échalote

Ingrédients
pour 4 personnes

* 2 groins de cochon
* 2 carottes
* 150 g de champignons de Paris
* 1 poireau
* 2 oignons
* 2 tomates
* 1 botte de persil plat
* 1 branche de thym
* 1 feuille de laurier
* Quelques baies de genièvre
* 1 litre de bouillon de volaille
* 500 g de pommes de terre rattes
* 2 échalotes
* Piment d'Espelette
* Sel, poivre

Préparation

1 Éliminez les poils des groins à l'aide d'un chalumeau et rincez-les sous l'eau froide, puis faites-les blanchir et rincez-les.

2 Épluchez les carottes et coupez-les en rondelles. Nettoyez les champignons et émincez-les. Nettoyez le poireau. Pelez les oignons, piquez-les sur une fourchette et faites-les brûler à la flamme du gaz afin de donner de la couleur au bouillon. Coupez-les en morceaux. Coupez grossièrement les tomates. Lavez le persil.

3 Posez les groins dans une sauteuse, ajoutez les carottes, le poireau, les champignons, les oignons, les tomates, le thym, le laurier, les baies de genièvre, puis versez le bouillon de volaille et laissez mijoter pendant 3 heures à feu doux.

4 Égouttez les groins et réservez-les au froid.

5 Épluchez les pommes de terre et plongez-les dans une casserole d'eau froide salée, laissez-les cuire de 30 à 40 minutes.

6 Pelez et émincez finement les échalotes.

7 Égouttez les pommes de terre et détaillez-les en rondelles, mélangez-les avec les échalotes, salez, poivrez, parsemez de piment d'Espelette.

8 Taillez grossièrement les groins de cochon, servez-les accompagnés de rattes à l'échalote.

Préparation : 30 minutes | Cuisson : 3 heures

groin

Grosses tartines de chichons

Ingrédients
pour 1 terrine

* 1,4 kg de panne de cochon (à commander chez votre charcutier)
* 800 g de chair à saucisse
* 4 g d'ail frais
* 1 branche de thym
* Piment d'Espelette
* 1 gros pain de campagne
* Sel, poivre noir du moulin

Préparation

1 Coupez la panne en lanières, puis passez-la au robot.

2 Mettez un petit peu d'eau dans le fond d'une sauteuse et faites-y fondre la panne à feu doux pendant environ 2 heures. Salez et poivrez.

3 Hors du feu et à l'aide d'une écumoire, séparez le liquide de cuisson de la matière première (chichons). Réservez les chichons.

4 Remettez la casserole avec le liquide sur le feu. Ajoutez la chair à saucisse et faites cuire doucement. Retirez une bonne partie du gras. Incorporez ensuite l'ail épluché et haché, le thym émietté, du piment d'Espelette, du sel et du poivre. Laissez cuire pendant encore quelques minutes.

5 Mettez cette préparation dans une terrine, puis ajoutez les chichons. Laissez refroidir en remuant régulièrement, afin d'effectuer une liaison. Réservez au froid pendant 12 heures.

6 Toastez des tranches de pain de campagne et garnissez-les de chichons.

Préparation : 20 minutes | Cuisson : environ 3 heures | Repos : 12 heures

panne

Jambon-beurre, un grand classique

Ingrédients
pour 6 personnes

* 1 pequillo
* 10 cornichons
* 1 grosse échalote
* Piment d'Espelette
* 100 g de beurre ramolli
* 3 baguettes
* Une douzaine de guindillas
* 6 belles tranches de jambon blanc
* Sel, poivre

Préparation

1 Hachez finement le pequillo, les cornichons et l'échalote épluchée. Salez, poivrez, incorporez le piment d'Espelette et le beurre ramolli.

2 Coupez les baguettes en deux, tartinez-les de beurre aux condiments, ajoutez les guindillas. Garnissez avec les tranches de jambon et dégustez.

Préparation : 5 minutes | Pas de cuisson

jambon

Joues de cochon, vinaigrette de lentilles tiédies

Ingrédients
pour 4 personnes

* 3 carottes
* 3 oignons
* 2 gousses d'ail
* Huile d'olive
* 1 noisette de beurre
* 1 kg de joues de cochon
* 50 cl de bouillon de volaille
* 300 g de jus de tomate
* 1 branche de thym
* 1 feuille de laurier
* Piment d'Espelette
* 200 g de lard paysan
* 200 g de lentilles
* Vinaigrette
* Sel, poivre

Préparation

1 Épluchez 2 carottes, coupez-les en bâtonnets. Pelez 2 oignons et émincez-les. Écrasez les gousses d'ail pelées.

2 Mettez un peu d'huile d'olive et le beurre dans une cocotte. Faites colorer les joues de cochon, puis ajoutez les carottes, les oignons et l'ail préparés. Faites suer de 3 à 4 minutes.

3 Ajoutez le bouillon de volaille et le jus de tomate, le thym, le laurier, du piment d'Espelette, du sel, du poivre, puis mettez la cocotte au four et laissez cuire à 140 °C pendant 1 h 30.

4 Sortez les joues de cochon, passez le bouillon au chinois et réservez le tout au chaud.

5 Préparez les lentilles. Épluchez l'oignon et la carotte restants, émincez l'oignon. Faites revenir l'oignon, la carotte et le lard paysan coupé grossièrement dans une petite sauteuse, puis ajoutez les lentilles. Mouillez avec de l'eau à hauteur, salez, poivrez et laissez cuire pendant 45 minutes à feu doux.

6 Égouttez les lentilles. Laissez-les tiédir, puis assaisonnez-les de vinaigrette. Dressez les assiettes avec les lentilles, les joues et quelques cuillerées à soupe de bouillon.

Préparation : 25 minutes | Cuisson : 2 h 15

joue

Kako en terrine, chou rouge vinaigré

Ingrédients
pour 1 kg

* 2 jarrets de cochon
* 500 g de carottes
* 1 kg d'oignons
* 200 g de poireaux
* 1 branche de thym
* 1 feuille de laurier
* 1 clou de girofle
* Piment d'Espelette
* 2 litres de bouillon de volaille
* 500 g de foie gras mi-cuit
* 10 cl de vinaigre blanc
* 1/4 de chou rouge
* Pistaches
* Vinaigrette balsamique
* Sel, poivre

Préparation

1 Faites blanchir les jarrets de cochon, puis égouttez-les et rincez-les.

2 Épluchez et coupez les carottes, pelez et émincez les oignons, nettoyez les poireaux. Mettez le tout dans une casserole, ajoutez les jarrets de cochon, le thym, le laurier, le clou de girofle, du sel, du poivre, du piment d'Espelette et le bouillon de volaille. Couvrez et faites cuire pendant 2 h 30. Une fois la cuisson terminée, égouttez les jarrets et laissez-les refroidir.

3 Passez le bouillon de cuisson au chinois, rectifiez l'assaisonnement si nécessaire et faites réduire.

4 Découpez délicatement le foie gras mi-cuit en lanières. Désossez les jarrets et dégraissez-les légèrement.

5 Mettez la couenne du jarret et 1 morceau de viande du jarret dans une terrine préalablement filmée, versez du jus de cuisson réduit, puis posez les lanières de foie gras. Répétez l'opération jusqu'à ce que la terrine soit remplie.

6 Mettez la terrine dans un bain-marie et faites-la cuire au four à 100 °C pendant 40 minutes. Laissez-la refroidir et réservez-la au frais.

7 Faites chauffer le vinaigre blanc dans une casserole. Coupez le chou rouge en fines lanières dans un saladier et versez le vinaigre blanc chaud dessus. Filmez le saladier et laissez reposer pendant 2 heures, en remuant de temps en temps.

8 Ajoutez les pistaches dans le saladier et assaisonnez de vinaigrette balsamique. Servez la terrine accompagnée de chou rouge au vinaigre.

Préparation : 1 h 30 | Cuisson : environ 3 h 15 | Repos : 2 heures

jarret

Langues de cochon confites, rémoulade de céleri-rave et de pomme verte

Ingrédients
pour 8 personnes

* 8 langues de cochon nettoyées
* 200 g de gros sel
* 3 gousses d'ail
* 1 branche de thym
* 1 feuille de laurier
* 1 kg de graisse de cochon (ou saindoux)
* 10 cl de vinaigre blanc
* 200 g de céleri-rave
* 1 pomme verte
* 3 c. à s. de mayonnaise
* Piment d'Espelette
* Sel, poivre

Préparation

1 Mettez les langues de cochon, le gros sel, l'ail épluché et écrasé, le thym et le laurier dans un saladier. Laissez « saler » pendant 5 heures.

2 Rincez et égouttez les langues.

3 Mettez la graisse de cochon dans une cocotte à fond épais, faites-la fondre, puis mettez-y à confire les langues pendant 6 heures à feu très doux.

4 Versez le vinaigre blanc dans une casserole et faites-le bouillir.

5 Pendant ce temps, épluchez le céleri-rave et taillez-le finement en bâtonnets, ainsi que la pomme verte. Mettez-les dans un saladier, mélangez, puis arrosez de vinaigre blanc chaud. Fermez hermétiquement le saladier à l'aide d'un film. Laissez reposer pendant 2 heures, en remuant de temps en temps. Ajoutez la mayonnaise, le piment d'Espelette, du sel et du poivre dans le saladier, mélangez soigneusement.

6 Égouttez les langues de cochon confites et coupez-les soigneusement en petits morceaux. Servez-les accompagnées de la rémoulade de céleri-rave et de pomme verte.

Préparation : 20 minutes | Salage : 5 heures | Cuisson : 6 heures | Repos : 2 heures

langue

Oreilles de cochon à la plancha, pistou et piment d'Espelette

Ingrédients
pour 4 personnes

* 4 oreilles de cochon déjà cuites
* 1 botte de basilic
* 1 gousse d'ail
* 1 c. à s. de pignons de pin
* 20 cl d'huile d'olive
* Piment d'Espelette
* 200 g de mesclun
* Vinaigrette
* Sel, poivre

Préparation

1 Émincez finement les oreilles de cochon.

2 Équeutez le basilic, épluchez l'ail.

3 Mixez le basilic, l'ail, les pignons de pin et l'huile d'olive, poivrez et saupoudrez de piment d'Espelette.

4 Lavez le mesclun, essorez-le, puis mélangez-le à la vinaigrette.

5 Faites griller les lamelles d'oreille de cochon – de préférence à la plancha – avec un peu d'huile d'olive, de 4 à 5 minutes, en les retournant souvent. Saupoudrez-les de sel, de poivre et de piment d'Espelette.

6 Disposez du mesclun sur chaque assiette, puis dressez 1 oreille croustillante dessus et garnissez de 2 c. à s. de pistou.

7 Servez aussitôt. Vous pouvez accompagner ce plat de poivrons grillés.

Préparation : 20 minutes | Cuisson : 5 minutes

oreille

Panier de charcuteries de mon ami Éric

Ingrédients
pour 6 personnes

* 1 morceau d'andouille de viande sèche
* 1 morceau de chorizo
* 1 morceau de chorizo culard
* 1 txirula
* 1 saucisson ibaïona
* 1 boudin
* 1 saucisse sèche

Pour la compotée d'oignons
* 200 g d'oignons rouges
* Huile d'olive
* Beurre
* 1 gousse d'ail
* Piment d'Espelette
* 2 c. à s. de sirop de cassis
* Sel, poivre

Pour les piments au vinaigre
* 1 kg de piment vert du Pays basque ou du Béarn
* 1/4 de botte d'estragon
* 20 g de poivre noir en grains
* 75 cl de vinaigre d'alcool

Préparation

1 Préparez la compotée d'oignons. Épluchez et émincez les oignons rouges. Mettez-les dans une sauteuse avec un peu d'huile d'olive, du beurre, la gousse d'ail épluchée et écrasée, du sel, du poivre et du piment d'Espelette. Laissez compoter pendant environ 50 minutes. Déglacez la sauteuse avec le sirop de cassis.

2 Préparez les piments au vinaigre. Lavez et essuyez bien les piments, un à un. Mettez-les dans un pot en grès puis ajoutez l'estragon, le poivre noir et recouvrez entièrement avec le vinaigre. Conservez-les au sec pendant au moins 3 semaines avant de les déguster.

3 Accompagnez le plateau de charcuteries de compotée d'oignons et de piments au vinaigre.

Préparation : 5 minutes | Cuisson : 50 minutes | Repos : 3 semaines

Pâté en croûte

Ingrédients
pour 12 personnes

* 1 échalote
* 100 g de champignons de Paris
* Huile d'olive
* 600 g d'épaule de cochon
* 450 g de gorge de cochon
* Piment d'Espelette
* 50 g de crème liquide
* 1 œuf + 1 jaune
* 2 cl de cognac
* 250 g de pâte brisée
* 200 g de bouillon de bœuf ou de volaille
* 5 feuilles de gélatine
* Sel, poivre

Préparation

1 Épluchez et émincez l'échalote.

2 Nettoyez les champignons et émincez-les.

3 Mettez un peu d'huile dans une casserole et faites-y suer l'échalote et les champignons.

4 Préparez la farce. Coupez l'épaule de cochon en dés, passez la gorge au hachoir. Mettez le tout dans un saladier, mélangez bien, salez, poivrez, ajoutez du piment d'Espelette, la crème liquide, l'œuf entier et le cognac. Mélangez de nouveau, puis ajoutez l'échalote et les champignons, remuez soigneusement afin d'obtenir une farce homogène.

5 Étalez la pâte brisée, tapissez-en un moule à cake en la laissant dépasser d'environ 2 cm de chaque côté. Réservez les chutes de pâte.

6 Remplissez le moule de farce, tassez bien afin d'éviter les bulles d'air.

7 Recouvrez la farce de pâte réservée et scellez-la aux bords qui dépassent avec du jaune d'œuf. Faites un trou d'environ 1 cm sur le dessus afin de laisser s'échapper la vapeur. Faites cuire au four à 210 °C pendant 20 minutes, puis baissez la température à 180 °C et laissez cuire pendant 1 h 30.

8 Versez le bouillon de bœuf ou de volaille dans une casserole, plongez-y les feuilles de gélatine et faites-les fondre.

9 Lorsque le pâté en croûte et le bouillon sont tièdes, versez délicatement le bouillon par la cheminée ménagée. Laissez au réfrigérateur pendant au moins 12 h avant de déguster.

Préparation : 40 minutes | Cuisson : environ 2 heures | Repos : 12 heures

Pequillos farcis au pied de cochon

Ingrédients
pour 5 personnes

* 3 bottes d'oignons nouveaux
* 100 g de carottes
* Huile d'olive
* Beurre
* 2 gousses d'ail
* 400 g de pieds de cochon cuits et désossés
* 1 branche de thym
* 1 feuille de laurier
* Piment d'Espelette
* 1 botte de persil plat
* 10 cl de jus de viande
* 1 boîte de pequillos
* Sel, poivre

Préparation

1 Épluchez les oignons et les carottes, puis coupez-les en fines tranches de 1 mm d'épaisseur environ. Mettez-les dans une sauteuse, faites-les revenir avec un peu d'huile d'olive et 1 noisette de beurre, puis ajoutez les gousses d'ail épluchées et écrasées. Laissez cuire de 2 à 3 minutes.

2 Ajoutez les pieds de cochon coupés grossièrement, le thym, le laurier, le piment d'Espelette, du sel, du poivre et faites cuire pendant 1 heure.

3 En fin de cuisson, ajoutez le persil plat ciselé et le jus de viande, mélangez bien.

4 Mettez cette farce dans les pequillos et servez aussitôt.

Préparation : 15 minutes | Cuisson : environ 1 h 05

pied de cochon

Pieds de cochon en vinaigrette

Ingrédients
pour 4 personnes

- 4 pieds de cochon
- 2 oignons
- 3 carottes
- 2 poireaux
- 2 tomates
- 100 g de champignons de Paris
- 1 bouquet de persil plat
- 1 branche de thym
- 1 feuille de laurier
- 2 clous de girofle
- 1 baie de genièvre
- 2 litres de bouillon de volaille
- 6 c. à s. d'huile d'olive
- 3 têtes d'ail
- 3 pequillos
- 2 c. à s. de vinaigre de xérès
- Sel, poivre

Préparation

1 Brûlez les poils des pieds de cochon à l'aide d'un chalumeau. Rincez-les à l'eau froide et égouttez-les.

2 Épluchez et détaillez en rondelles les oignons et les carottes. Nettoyez les poireaux, les tomates, les champignons de Paris, le persil plat, coupez-les grossièrement.

3 Faites blanchir les pieds de cochon dans un faitout. Retirez l'eau du faitout, puis ajoutez les oignons, les carottes, les poireaux, les tomates, les champignons, du persil (réservez-en quelques feuilles pour la vinaigrette), le thym, le laurier, les clous de girofle, la baie de genièvre, du sel, du poivre, recouvrez de bouillon de volaille et laissez cuire pendant 4 heures à feu doux.

4 Juste avant de servir, versez l'huile d'olive dans une sauteuse. Faites-y revenir l'ail épluché et haché, les pequillos coupés en lamelles et les feuilles de persil réservées, arrosez de vinaigre de xérès.

5 Égouttez les pieds de cochon, coupez-les en deux et servez-les tièdes, arrosés de la vinaigrette.

Préparation : 20 minutes | Cuisson : 4 heures

pied de cochon

Rillettes de mon enfance

Ingrédients
pour 10 à 12 personnes

* 12 g d'ail
* 120 g d'oignons
* 4 kg de poitrine de cochon
* 3 kg de graisse de cochon (ou saindoux)
* 1 branche de thym
* 1 feuille de laurier
* Piment d'Espelette
* 1 pain de campagne
* Sel, poivre

Préparation

1 Épluchez et émincez l'ail et les oignons.

2 Coupez la poitrine en morceaux de 3 à 4 cm, en vérifiant bien qu'il ne reste pas de cartilages.

3 Mettez la graisse de cochon dans une grande cocotte à fond épais, faites-la fondre, puis ajoutez les oignons, l'ail, le thym, le laurier, le piment d'Espelette, du sel, du poivre et les morceaux de poitrine. Laissez cuire à feu doux pendant 2 heures. Égouttez la viande et réservez-la.

4 Récupérez la graisse fondue, laissez-la refroidir tout en remuant, de façon à obtenir une texture épaisse et laiteuse.

5 Pilez les morceaux de viande à l'aide d'un mortier afin de récupérer les fibres, puis versez peu à peu la graisse, en mélangeant vigoureusement. Rectifiez l'assaisonnement.

6 Remplissez des petits pots de cette préparation et réservez au frais pendant 12 heures.

7 Coupez le pain en tranches de 1 cm d'épaisseur, toastez-les, puis tartinez-les généreusement de rillettes.

Préparation : 45 minutes | Cuisson : 2 heures | Repos : 12 heures

poitrine

Tarte au parmesan, andouillette rôtie

Ingrédients
pour 4 personnes

* 200 g d'oignons rouges
* Huile d'olive
* Beurre
* Piment d'Espelette
* 1 botte de persil plat
* 2 c. à s. de sirop de cassis
* 1 andouillette
* Sel, poivre

Pour la pâte parmesane
* 200 g de beurre
* 200 g de farine
* 200 g de parmesan râpé

Préparation

1 Commencez par préparer la pâte parmesane. Mettez le beurre en pommade, la farine et le parmesan dans un saladier, puis mélangez bien, en veillant à ne pas trop travailler la pâte. Laissez reposer pendant 1 h 30.

2 Pendant ce temps, épluchez et émincez les oignons rouges. Mettez-les dans une sauteuse avec un peu d'huile d'olive, du beurre, du sel, du poivre et du piment d'Espelette. Laissez-les compoter pendant environ 50 minutes. En fin de cuisson, ajoutez les feuilles de persil plat ciselées, puis déglacez la sauteuse avec le sirop de cassis.

3 Abaissez la pâte parmesane au rouleau et tapissez-en une plaque à pâtisserie huilée. Faites cuire au four à 160 °C de 6 à 8 minutes.

4 Coupez l'andouillette en rondelles, poêlez-les tout doucement dans un peu de beurre et d'huile d'olive.

5 Sortez la pâte du four. Garnissez-la de compotée d'oignons et de rondelles d'andouillette. Dégustez aussitôt.

Préparation : 15 minutes | Cuisson : environ 1 heure | Repos : 1 h 30

andouillette

Terrine de boudin basque

Ingrédients
pour 10 à 15 personnes

* 1/2 tête de cochon
* 1 kg d'oignons
* 1 clou de girofle
* 2 carottes
* 2 poireaux
* 100 g de thym
* 3 ou 4 feuilles de laurier
* 1 kg de couenne de cochon
* 1 cœur de cochon
* 1 poumon de cochon
* 1 langue de cochon
* 500 g de graisse de canard
* 750 g d'ail
* Piment d'Espelette
* 4 litres de sang de cochon
* Sel, poivre

Préparation

1 Brûlez les poils de la tête de cochon à l'aide d'un chalumeau.

2 Épluchez 2 oignons, piquez-en un avec le clou de girofle, pelez et coupez grossièrement les autres. Épluchez les carottes et coupez-les grossièrement, nettoyez les poireaux et coupez-les grossièrement également. Mettez les oignons entiers, les carottes, les poireaux, la moitié du thym, les feuilles de laurier, la demi-tête de cochon, la couenne, le cœur, le poumon et la langue dans une cocotte, couvrez d'eau à hauteur et faites cuire pendant 2 heures.

3 Égouttez les viandes, puis désossez la tête de cochon. Coupez toutes les viandes en cubes et réservez-les.

4 Faites fondre la graisse de canard dans une sauteuse et, lorsqu'elle est très chaude, faites-y revenir les oignons émincés restants, puis ajoutez l'ail épluché et haché, du sel et le thym restant émietté. Laissez cuire jusqu'à ce que les oignons soient bien compotés. Égouttez sur du papier absorbant.

5 Mélangez la compotée d'oignons aux viandes coupées en cubes. Assaisonnez de sel, de poivre et de piment d'Espelette, ajoutez le sang et mélangez à nouveau (vous obtenez une mêlée).

6 Prenez la mêlée obtenue et remplissez-en une terrine.

7 Mettez la terrine au four à 120 °C et faites cuire de 40 minutes à 1 heure. Vérifiez la cuisson à l'aide de la pointe d'un couteau plantée dans la terrine : aucune goutte de sang ne doit sortir. Réservez au frais pendant au moins 12 heures avant de déguster.

Préparation : 1 h 30 | Cuisson : environ 3 h 30 | Repos : 12 heures

Terrine de mon amatxi

Ingrédients
pour 10 à 12 personnes

* 1 kg d'oignons
* 400 g de champignons de Paris
* 50 g d'ail haché
* 1 branche de thym
* 1 feuille de laurier
* 500 g de gésiers de canard confits
* 1 kg de maigre de cochon
* 600 g de gorge de cochon
* 600 g de gras de cochon
* 500 g de foies de volaille
* 50 g de porto
* Mesclun
* Vinaigrette
* 10 guindillas
* 10 pequillos
* Sel, poivre

Préparation

1 Épluchez et émincez les oignons. Nettoyez les champignons et coupez-les grossièrement.

2 Mettez les oignons, les champignons, l'ail, le thym, le laurier, du sel et du poivre dans une sauteuse et faites suer pendant 5 minutes.

3 Coupez les gésiers de canard en cubes de 1 cm environ.

4 Passez au hachoir le maigre de porc, la gorge, le gras, les foies de volaille, ainsi que la préparation précédente.

5 Mélangez cette farce avec les gésiers, salez, poivrez, puis mouillez avec le porto et mélangez, jusqu'à obtention d'une farce homogène et collante.

6 Versez cette préparation dans une terrine. Recouvrez-la de papier d'aluminium et faites cuire au four à 150 °C pendant 1 h 40. Retirez le papier d'aluminium et remettez au four à nouveau pendant 20 minutes. Laissez la terrine refroidir.

7 Pendant ce temps, nettoyez le mesclun, assaisonnez-le de vinaigrette, remuez bien la salade, et ajoutez les guindillas et les pequillos. Servez le mesclun avec une belle tranche de terrine dans chaque assiette.

Préparation : 1 heure | Cuisson : 2 h 05

Terrine de pâté basque

Ingrédients
pour 5 kg environ

Pour le pâté
* 3 kg de gorge de cochon
* 1 1/2 foie de cochon
* 90 g de sel
* 15 g de poivre
* 20 g de piment d'Espelette
* 2,5 œufs
* 1 crépine

Pour l'infusion
* 25 cl de lait
* 1 oignon
* 1 gousse d'ail
* 1 échalote

Préparation

1 Commencez par préparer l'infusion. Versez le lait dans une casserole. Épluchez et émincez l'oignon, la gousse d'ail et l'échalote. Ajoutez-les dans la casserole. Faites chauffer doucement, puis laissez infuser jusqu'à ce que les ingrédients aient donné tous leurs arômes. Réservez.

2 Coupez la gorge et le demi-foie de cochon assez grossièrement, puis passez-les au robot. Commencez toujours par le foie, afin de pouvoir retrouver les « marquants » de la gorge.

3 Pendant le hachage de la gorge, ajoutez le sel, le poivre, le piment d'Espelette, les œufs et les ingrédients de l'infusion. Mixez à nouveau, tout en versant le lait pour homogénéiser.

4 Le mélange obtenu doit être compact. Remplissez la terrine de cette préparation et recouvrez-la de crépine. Mettez à cuire au bain-marie au four à 120 °C pendant 1 heure environ. Le pâté est cuit quand la température à cœur atteint 70 °C.

5 Laissez la terrine refroidir et réservez-la au réfrigérateur pendant au moins 12 heures avant de servir.

Préparation : 30 minutes | Cuisson : 1 heure | Repos : 12 heures

gorge

Terrine de pâté de tête

Ingrédients
pour 2 terrines

* 1 tête de cochon
* 2 jarrets de cochon
* 1 poignée de gros sel
* Vinaigre
* Piment d'Espelette
* 5 carottes
* 500 g d'oignons
* 2 poireaux
* 200 g de thym
* 2 feuilles de laurier
* 1 clou de girofle
* 1 baie de genièvre
* 1 langue de cochon
* 2 kg de couennes
* 50 cl de vin blanc
* 3 échalotes
* Sel, poivre

Préparation

1 La veille, brûlez les poils de la tête de cochon et des jarrets à l'aide d'un chalumeau. Rincez-les à l'eau froide et égouttez-les. Mettez le gros sel, du vinaigre et du piment d'Espelette dans un saladier, mélangez bien et frottez les morceaux de ce mélange, puis réservez-les au frais pendant 1 nuit.

2 Le lendemain, rincez-les à l'eau claire, égouttez-les, puis faites-les blanchir.

3 Lavez, épluchez et coupez en rondelles la moitié des carottes. Pelez les oignons, puis piquez-les sur une fourchette et faites-les brûler à la flamme du gaz afin de donner de la couleur au bouillon. Coupez-les puis mettez-les avec les poireaux nettoyés, la moitié des carottes, la moitié du thym, les feuilles de laurier, le clou de girofle et la baie de genièvre dans une cocotte, puis recouvrez d'eau. Ajoutez les viandes et les couennes, faites cuire pendant 2 heures. Égouttez les viandes, désossez-les et coupez-les en petits cubes. Réservez le jus de cuisson.

4 Faites réduire le vin blanc avec les échalotes pelées, émincées et les carottes restantes épluchées et coupées en mirepoix dans une casserole. Mettez les cubes de viande dans un saladier, ajoutez la réduction de vin blanc, d'échalotes et de carottes, rectifiez l'assaisonnement, poivrez. Ajoutez le thym restant émietté.

5 Versez le jus de cuisson réservé dans une autre casserole et faites-le réduire fortement, vous obtiendrez ainsi de la gélatine naturelle. Ajoutez-la au mélange précédent et mélangez bien.

6 Mettez cette préparation en terrine et faite cuire au bain-marie au four à 120 °C pendant 1 heure environ. Réservez au réfrigérateur pendant 1 nuit et dégustez le lendemain.

Préparation : 1 h 30 | Cuisson : environ 3 h 30 | Repos : 2 nuits

pâté de tête

Terrine de queues de cochon

Ingrédients
pour 1,5 kg

* 1,7 kg de queues de cochon
* 1 carotte
* 1 oignon
* 1 poireau
* 1 clou de girofle
* 1 c. à c. de gros sel
* 1 bouquet garni
* 1 pied de cochon cuit
* 10 g de vinaigre de xérès
* 1 c. à c. de moutarde
* 100 g de cornichons
* 100 g de pequillos
* 1 échalote
* 2 gousses d'ail
* 10 feuilles de gélatine
* Piment d'Espelette
* Sel, poivre

Préparation

1 Mettez les queues de cochon dans une casserole, recouvrez-les d'eau froide et portez à ébullition. Égouttez-les.

2 Épluchez la carotte et l'oignon, nettoyez le poireau. Coupez grossièrement la carotte, le poireau, piquez l'oignon du clou de girofle.

3 Mettez la carotte, l'oignon, le poireau, le gros sel, le bouquet garni et les queues de cochon dans une cocotte, recouvrez-les d'eau et faites bouillir à petit feu pendant 2 heures environ. Sortez les queues de cochon, laissez-les tiédir, puis désossez-les et effilochez-les à la main. Réservez le bouillon.

4 Mettez le pied de cochon cuit dans le bouillon afin de pouvoir le désosser facilement à la main. Une fois qu'il est désossé, coupez-le en petits morceaux. Faites réduire le bouillon et filtrez-le.

5 Préparez la farce. Mettez dans le bol d'un robot, le vinaigre, la moutarde, les cornichons, les pequillos, l'échalote et l'ail épluchés, du sel et du poivre, puis mixez. Ajoutez les petits morceaux de pied de cochon, mélangez bien.

6 Dans 1 litre de bouillon chaud réservé précédemment, faites fondre les feuilles de gélatine.

7 Préparez le montage de la terrine. Filmez le fond d'une terrine, puis, par couches successives, mettez du bouillon, de la queue de bœuf, du sel, du poivre, du piment d'Espelette, de la farce. Recommencez l'opération jusqu'à épuisement des ingrédients et terminez par du bouillon. Repliez le film sur la terrine et réservez au réfrigérateur pendant 12 heures avant de déguster.

Préparation : 1 heure | Cuisson : 2 h 30 | Repos : 12 heures

queue de cochon

Traditionnelle omelette au jambon

Ingrédients
pour 4 personnes

* 8 œufs
* Piment d'Espelette
* 1 botte de ciboulette
* 1 noisette de beurre
* 4 belles tranches de jambon ibaïona
* Sel, poivre

Préparation

1 Battez les œufs à la fourchette dans un saladier, salez, poivrez, ajoutez le piment d'Espelette et la ciboulette ciselée.

2 Faites fondre le beurre dans une poêle, versez-y les œufs battus et faites-les cuire de 3 à 4 minutes. Réservez l'omelette au chaud. Dans la même poêle, faites rissoler les tranches de jambon ibaïona. Dressez l'omelette et le jambon sur un plat de service et dégustez aussitôt.

Préparation : 10 minutes | Cuisson : 5 minutes

jambon

Ventrèche de cochon à la plancha et couteaux

Ingrédients
pour 4 personnes

- 2 carottes
- 2 oignons
- 1 poireau
- 1 beau morceau de poitrine de cochon ibaïona
- 1 branchette de thym
- 1 feuille de laurier
- 1 baie de genièvre
- Quelques grains de poivre
- 2 litres de bouillon de volaille
- 10 couteaux
- Huile
- Sel, poivre

Préparation

1 Lavez, épluchez et coupez grossièrement les carottes. Pelez les oignons. Piquez-les sur une fourchette et faites-les brûler à la flamme du gaz afin de donner de la couleur au bouillon. Coupez-les en morceaux. Nettoyez le poireau.

2 Posez la poitrine au fond d'une grande marmite, ajoutez les carottes, le poireau et les oignons, le thym, le laurier, la baie de genièvre et les grains de poivre. Versez le bouillon de volaille, salez et poivrez. Portez à ébullition et laissez cuire à feu très doux pendant 12 heures.

3 Laissez la poitrine refroidir dans son bouillon et laissez-la toute la nuit au réfrigérateur.

4 Faites dégorger les couteaux dans de l'eau froide pendant 2 heures.

5 Coupez la poitrine égouttée en tranches épaisses. Grillez-les de chaque côté de 3 à 4 minutes, sur la plancha ou à la poêle.

6 Égouttez les couteaux et faites-les cuire avec un peu d'huile à la plancha.

7 Disposez la poitrine et les couteaux dans des assiettes, puis servez.

Préparation : 25 minutes | Cuisson : 12 h 15 | Repos : 1 nuit

ventrèche

Véritable croque-monsieur de la *Cantine*

Ingrédients
pour 4 personnes

* 8 belles tranches de pain de mie
* 8 tranches de jambon blanc
* 8 tranches d'ossau-iraty
* Sel, poivre

Pour la sauce Mornay
* 1 litre de lait
* 70 g de beurre
* 60 g de farine
* 60 g d'ossau-iraty râpé
* 40 g de parmesan râpé
* Sel, poivre

Préparation

1 Réalisez une sauce Mornay. Mettez le lait dans une casserole et portez à ébullition.

2 Dans une autre casserole, faites fondre le beurre jusqu'à ce qu'il commence à grésiller, puis ajoutez la farine. À l'aide d'un fouet, remuez vivement et laissez cuire de 2 à 3 minutes. Versez le lait et portez à ébullition, incorporez l'ossau-iraty et le parmesan, mélangez, salez peu et poivrez, faites cuire de 2 à 3 minutes.

3 Mettez la sauce Mornay tiède dans un siphon avec une cartouche de gaz.

4 Préchauffez le four à 180 °C.

5 Nappez 2 tranches de pain de mie de sauce Mornay, ajoutez 2 tranches de jambon blanc et 2 tranches d'ossau-iraty sur une des tranches de pain, puis recouvrez de la seconde tranche de pain de mie. Faites de même pour les autres croque-monsieur.

6 Mettez les croque-monsieur au four jusqu'à ce qu'ils prennent une jolie coloration dorée. Dégustez aussitôt.

Préparation : 10 minutes | Cuisson : environ 10 minutes

jambon blanc

RECETTES

Les plats

Araignées de cochon marinées, salsifis rôtis

Ingrédients
pour 4 personnes

* 3 gousses d'ail
* 8 pièces d'araignée de cochon
* 14 g de sel
* 1 g de poivre noir
* 1 g de piment d'Espelette
* Huile d'olive
* 1 kg de salsifis
* 3 c. à s. de farine
* 100 g de beurre + 1 noisette
* 1 botte de persil plat
* Sel, poivre

Préparation

1 Épluchez et émincez l'ail.

2 Mettez les araignées de cochon dans un saladier, ajoutez le sel, le poivre, le piment d'Espelette, l'ail émincé et 10 cl d'huile d'olive. Laissez mariner pendant 12 heures au réfrigérateur.

3 Épluchez les salsifis. Mettez-les dans une casserole, ajoutez de l'eau, la farine et 8 cl d'huile d'olive. Faites cuire de 30 à 35 minutes à feu doux. Égouttez soigneusement.

4 Mettez 3 cl d'huile d'olive et 1 noisette de beurre dans une sauteuse, faites-y colorer les araignées de cochon, salez et poivrez.

5 Faites fondre le beurre dans une poêle et faites-y revenir les salsifis. En fin de cuisson, ajoutez le persil plat ciselé.

6 Dressez les araignées de cochon dans un plat et servez avec les salsifis rôtis.

Préparation : 15 minutes | Cuisson : environ 40 minutes | Repos : 12 heures

araignée

Axoa de cochon

Ingrédients
pour 6 personnes

* 1,5 kg d'épaule de cochon
* 2 kg de tomates
* 300 g d'oignons
* 4 gousses d'ail
* 250 g de piments verts d'Anglet
* Huile d'olive
* Beurre
* 1 branche de thym
* 1 feuille de laurier
* Piment d'Espelette
* 30 cl de vinaigre
* 2 litres de bouillon de volaille
* 2 kg de pommes de terre rattes
* Sel, poivre

Préparation

1 Coupez l'épaule de cochon en petits dés.

2 Mondez les tomates, épépinez-les et hachez-les grossièrement.

3 Épluchez et émincez les oignons, pelez et écrasez les gousses d'ail.

4 Nettoyez les piments verts et coupez-les en morceaux.

5 Mettez de l'huile d'olive et du beurre dans une grande sauteuse, faites-y colorer les petits dés d'épaule, puis réservez-les.

6 Dans la même sauteuse, faites revenir les oignons, les piments et l'ail, puis ajoutez les dés d'épaule, le thym, le laurier, du piment d'Espelette, salez, poivrez. Déglacez avec le vinaigre, ajoutez les tomates, mouillez avec le bouillon de volaille et laissez cuire pendant 1 h 10, en remuant régulièrement.

7 Nettoyez les pommes de terre rattes, puis faites-les cuire à l'eau bouillante salée pendant 30 minutes environ, égouttez-les et ajoutez-les à l'axoa de cochon. Servez dans la sauteuse.

Préparation : 45 minutes | Cuisson : environ 2 heures

Cochon de lait à la broche, pommes de terre au jus

Ingrédients
pour 10 personnes

* 3 c. à s. d'huile d'olive
* 4 gousses d'ail
* 2 épaules de cochon de lait
* 1 kg de pommes de terre rattes
* 1 branche de thym
* 1 feuille de laurier
* 1 botte de persil plat
* Sel, poivre

Préparation

1 Dans un bol, mélangez l'huile d'olive, 2 gousses d'ail épluchées et écrasées, du sel et du poivre. Badigeonnez les épaules de cochon de ce mélange. Enfilez-les sur une broche et faites-les cuire au four de 1 h 30 à 2 heures, en les badigeonnant d'huile aillée toutes les 5 minutes.

2 Au bout de 1 heure de cuisson, mettez dans la lèchefrite les pommes de terre rattes coupées en deux, l'ail restant pelé et écrasé, le thym, le laurier, salez et poivrez.

3 Dressez des morceaux d'épaule de cochon sur des assiettes et garnissez de rattes parsemées de persil ciselé. Servez aussitôt.

Préparation : 15 minutes | Cuisson : environ 2 heures

épaule

Confit de porc, haricots maïs

Ingrédients
pour 5 personnes

* 50 g de gros sel
* 6 g de poivre noir
* 6 g de piment d'Espelette
* 2 branches de thym
* 2 feuilles de laurier
* 2 c. à s. de vinaigre
* 2 gousses d'ail
* 1,5 kg de confit de cochon
* 1 kg de graisse de cochon (ou saindoux)
* 100 g de carottes
* 50 g d'oignons
* 100 g de lard paysan
* Huile
* Beurre
* 500 g de haricots maïs
* 50 cl de fond blanc
* Sel, poivre

Préparation

1 Mettez le gros sel, le poivre noir, le piment d'Espelette, 1 branche de thym, 1 feuille de laurier, le vinaigre et 1 gousse d'ail écrasée dans un bol. Mélangez bien, puis frottez vigoureusement le confit avec ce mélange. Filmez-le et laissez-le reposer pendant 12 heures au réfrigérateur.

2 Rincez le confit et égouttez-le. Faites fondre tout doucement la graisse de cochon dans une cocotte à fond épais et faites cuire la viande à feu doux pendant 1 h 30. Égouttez-la et réservez-la au réfrigérateur pendant 12 heures.

3 Épluchez les carottes et les oignons, émincez-les. Coupez le lard en fines lanières. Mettez un peu d'huile d'olive et du beurre dans une sauteuse, faites-y revenir les carottes, les oignons et le lard. Ajoutez les haricots maïs, le fond blanc, le thym et le laurier restants, l'ail restant pelé et haché, du sel et du poivre. Laissez cuire à petit feu pendant 1 h 20.

4 Découpez des tranches de confit, poêlez-les et servez-les avec les haricots maïs bien chauds.

Préparation : 15 minutes | Cuisson : 2 h 50 | Repos : 24 heures

confit de porc

Côte de cochon dorée à la cocotte, jus au chorizo

Ingrédients
pour 2 personnes

* 1 côte de cochon ibaïona
* Huile d'olive
* 40 g de beurre
* 5 ou 6 gousses d'ail
* 1 branche de thym
* 1 feuille de laurier
* 10 cl de fond blanc
* 100 g de chorizo doux
* Sel, poivre

Préparation

1 Manchonnez la côte de cochon, salez-la, poivrez-la, puis faites-la colorer sur les deux faces dans une cocotte avec un peu d'huile d'olive et le beurre. Ajoutez les gousses d'ail pelées et écrasées, le thym, le laurier, puis mettez la cocotte au four à 170 °C de 12 à 15 minutes. Réservez la côte.

2 Déglacez la cocotte avec le fond blanc, ajoutez le chorizo détaillé en tout petits dés, salez, poivrez, faites cuire pendant quelques secondes et versez le jus au chorizo sur la côte de cochon. Servez sans attendre.

Préparation : 15 minutes | Cuisson : environ 15 minutes

côte de cochon

Coustons comme on les aime au Pays basque

Ingrédients
pour 4 personnes

* 1,2 kg de coustons (ou travers de porc)
* 300 g de gros sel
* Vinaigre
* 15 cl d'huile d'olive
* 100 g d'ail
* 1 botte de persil plat

Préparation

1 La veille, salez les coustons au gros sel et arrosez-les de quelques gouttes de vinaigre. Réservez au réfrigérateur pendant 1 nuit.

2 Dessalez les coustons à l'eau claire, égouttez-les et séchez-les dans un torchon. Posez-les sur une plaque à rôtir, arrosez-les d'huile d'olive et mettez-les à cuire au four à 170 °C, de 40 à 45 minutes.

3 Épluchez et émincez l'ail. Mettez de l'huile d'olive et quelques gouttes de vinaigre dans une poêle, et faites-y revenir l'ail. Versez sur les coustons, parsemez de persil ciselé et dégustez aussitôt.

Préparation : 5 minutes | Cuisson : environ 45 minutes | Repos : 1 nuit

Crépinettes de cochon et huîtres du bassin

Ingrédients
pour 4 personnes

* 40 g d'échalotes
* 15 g d'ail
* 100 g de champignons de Paris
* 50 g de jambon de Bayonne
* Huile d'olive
* 300 g de chair à saucisse
* Piment d'Espelette
* 100 g de crépine
* 30 g de beurre
* 24 huîtres
* Sel, poivre

Préparation

1 Épluchez et émincez les échalotes. Pelez l'ail et hachez-le.

2 Nettoyez les champignons, coupez-les en petits dés, ainsi que le jambon de Bayonne.

3 Faites suer les échalotes et l'ail dans une sauteuse avec un peu d'huile d'olive, ajoutez les dés de champignons et de jambon. Laissez cuire pendant 5 minutes. Hors du feu, ajoutez la chair à saucisse, salez, poivrez, saupoudrez de piment d'Espelette et mélangez bien.

4 Étalez la crépine et confectionnez des crépinettes avec la préparation précédente.

5 Chauffez le beurre dans une poêle et faites-y revenir les crépinettes de 7 à 8 minutes.

6 Ouvrez les huîtres et dressez-en 6 sur chaque assiette, accompagnées de 1 crépinette.

Préparation : 15 minutes | Cuisson : environ 15 minutes

crépinette

Échine de cochon ibaïona snackée, mesclun de salades

Ingrédients
pour 5 personnes

* 200 g de carottes
* 100 g d'oignons
* 200 g de tomates
* 100 g de beurre
* 1 échine de cochon de 1 kg préparée par votre charcutier
* Gros sel (11 g par kilo)
* 1 branche de thym
* 1 feuille de laurier
* 2 gousses d'ail
* Piment d'Espelette
* 1 litre de fond blanc
* 3 c. à s. de crème
* Mesclun
* Vinaigrette
* Sel, poivre

Préparation

1 Épluchez les carottes et les oignons, coupez-les grossièrement, ainsi que les tomates.

2 Faites fondre le beurre dans une sauteuse, ajoutez l'échine de cochon, le gros sel, du poivre et faites-la colorer sur toutes les faces.

3 Ajoutez les carottes, les oignons, les tomates, le thym, le laurier, l'ail écrasé, du piment d'Espelette, du poivre et laissez cuire pendant quelques minutes.

4 Versez le fond blanc et faites cuire pendant 2 h 30 à petits bouillons.

5 Égouttez l'échine. Passez le jus de cuisson au chinois.

6 Montez la crème.

7 Coupez de belles tranches d'échine et snackez-les dans une poêle ou à la plancha.

8 Faites réduire le jus de cuisson, puis incorporez la crème montée, salez et poivrez. Dressez les tranches d'échine sur des assiettes et nappez-les de cette sauce.

9 Servez aussitôt avec le mesclun assaisonné de vinaigrette.

Préparation : 25 minutes | Cuisson : environ 2 h 30

Épaule de cochon, sauce moutarde

Ingrédients
pour 6 personnes

* 6 gousses d'ail
* 1 épaule de cochon d'environ 1,5 kg
* 100 g d'oignons
* 200 g de carottes
* 4 c. à s. d'huile d'olive
* 120 g de beurre
* Piment d'Espelette
* 1 litre de fond blanc
* 1 branche de thym
* 1 feuille de laurier
* 3 c. à s. de moutarde à l'ancienne
* Sel, poivre

Préparation

1 Pelez 3 gousses d'ail et piquez-les dans l'épaule de cochon. Ficelez la viande à l'aide de ficelle de cuisine.

2 Épluchez les oignons, les carottes, les gousses d'ail restantes, coupez-les en brunoise.

3 Faites chauffer 3 c. à s. d'huile d'olive dans une sauteuse, ajoutez 100 g de beurre et, lorsque celui-ci commence à mousser, faites-y colorer l'épaule de cochon, ajoutez les légumes en brunoise. Salez, poivrez, saupoudrez de piment d'Espelette, versez le fond blanc, ajoutez le thym et le laurier. Laissez cuire pendant 2 heures à petits frémissements.

4 Égouttez l'épaule, laissez-la refroidir, filmez-la et réservez-la au réfrigérateur.

5 Passez le jus de cuisson au chinois et faites-le réduire. Incorporez la moutarde à l'ancienne, mélangez bien, rectifiez l'assaisonnement si nécessaire.

6 Découpez l'épaule en tranches, faites-les revenir dans une poêle avec l'huile d'olive et le beurre restants. Dressez-les sur des assiettes, nappez-les de sauce à la moutarde et servez sans attendre.

Préparation : 25 minutes | Cuisson : 2 heures

Groins de cochon en cocotte, lentilles

Ingrédients
pour 6 personnes

* 4 groins de cochon
* 2 oignons
* 1 clou de girofle
* 2 tomates
* 1 poireau
* 150 g de champignons de Paris
* 2 carottes
* 3 gousses d'ail
* 1 branche de thym
* 1 feuille de laurier
* 1 litre de bouillon de volaille
* Huile d'olive
* Beurre
* 1 morceau de lard
* 200 g de lentilles
* 1 litre de fond blanc
* Sel, poivre

Préparation

1 Faites blanchir les groins de cochon, puis rincez-les.

2 Pelez 1 oignon, piquez-le sur une fourchette et faites-le brûler à la flamme du gaz afin de donner de la couleur au bouillon. Piquez-le du clou de girofle. Coupez grossièrement les tomates, ainsi que le poireau et les champignons nettoyés. Épluchez et coupez grossièrement les carottes.

3 Mettez les groins, le poireau, les champignons, 1 carotte, l'oignon piqué du clou de girofle, les gousses d'ail écrasées, le thym, le laurier, du sel, du poivre et le bouillon de volaille dans une grande marmite. Faites cuire pendant 3 heures à feu doux.

4 Égouttez les groins, filtrez le jus de cuisson. Réservez.

5 Faites revenir dans un peu d'huile d'olive et du beurre la carotte restante, l'oignon restant, épluché et émincé, et le lard dans une sauteuse, ajoutez les lentilles. Mouillez avec le fond blanc, salez, poivrez et faites cuire pendant 45 minutes.

6 Ajoutez les groins de cochon et le jus de cuisson réservé. Laissez cuire encore de 4 à 5 minutes. Servez bien chaud.

Préparation : 30 minutes | Cuisson : environ 4 heures

groin

Hot dogs de mon ami Ospital

Ingrédients
pour 4 personnes

Pour les hot dogs
* 200 g d'oignons rouges
* Huile d'olive
* Beurre
* 2 c. à s. de sirop de cassis
* 4 pains pour hot dog
* 4 saucisses
* 1 c. à s. de moutarde à l'ancienne
* Sel, poivre

Pour la basquaise
* 2 poivrons
* 1 oignon
* 1 gousse d'ail
* 5 tomates
* Huile d'olive
* Sel et poivre

Préparation

1 Épluchez les oignons rouges, émincez-les. Mettez-les dans une sauteuse avec un peu d'huile d'olive, du beurre, du sel, du poivre et laissez compoter pendant environ 50 minutes. Déglacez la sauteuse avec le sirop de cassis.

2 Préparez une basquaise : épépinez les poivrons, épluchez l'oignon et l'ail, coupez les tomates en morceaux, et les poivrons en fines lamelles. Émincez l'oignon et écrasez l'ail. Mettez de l'huile d'olive dans une poêle, faites-y revenir l'oignon, l'ail et les poivrons pendant 5 minutes, puis ajoutez les tomates, salez, poivrez et laissez cuire pendant 20 minutes environ.

3 Faites griller légèrement les pains coupés en deux.

4 Mettez un peu d'huile d'olive et du beurre à chauffer dans une sauteuse. Faites-y revenir les saucisses tout doucement.

5 Badigeonnez chaque moitié de pain de moutarde. Sur l'une des moitiés, mettez de la compotée d'oignons, de la basquaise et 1 saucisse, puis refermez le pain avec l'autre moitié. Faites de même pour les autres hot dogs.

Préparation : 30 minutes | Cuisson : environ 1 heure

Jarrets caramélisés, basquaise

Ingrédients
pour 3 personnes

* 2 jarrets de cochon
* Piment d'Espelette
* Gros sel
* 4 cuillerées à soupe de vinaigre
* 2 oignons
* 2 carottes
* 1 poireau
* 1 botte de persil plat
* Huile d'olive
* Beurre
* 2 feuilles de laurier
* 2 branches de thym
* 3 baies de genièvre
* 4 c à s. de miel
* 1 litre de fond blanc
* Basquaise (voir recette des hot dogs, p. 160)
* Sel, poivre

Préparation

1 Frottez les jarrets avec du piment d'Espelette, du gros sel et 2 c. à s. de vinaigre. Réservez-les au réfrigérateur pendant 1 nuit.

2 Épluchez les oignons et les carottes, nettoyez le poireau, lavez le persil plat. Émincez les oignons. Coupez grossièrement en morceaux les carottes et le poireau.

3 Plongez les jarrets dans de l'eau froide afin de les dessaler. Égouttez-les, puis faites-les revenir sur toutes les faces avec un peu d'huile d'olive et du beurre dans une cocotte. Ajoutez les oignons, les carottes, le poireau, le laurier, le thym, les baies de genièvre, les feuilles de persil plat et laissez cuire de 3 à 4 minutes. Ajoutez le vinaigre restant, le miel et le fond blanc, salez et poivrez. Faites cuire au four à 150 °C pendant 3 heures. Arrosez régulièrement au cours de la cuisson, afin que les jarrets caramélisent bien.

4 Égouttez les jarrets et passez le jus de cuisson au chinois. Nappez la viande de ce jus. Servez dans la cocotte, avec une basquaise.

Préparation : 15 minutes | Cuisson : 3 heures | Repos : 1 nuit

jarret

Jarrets de cochon façon osso-buco

Ingrédients
pour 4 personnes

* 200 g de carottes
* 150 g d'oignons
* 100 g de farine
* 8 tranches de 2 cm d'épaisseur de jarret de cochon
* 10 cl d'huile d'olive
* 3 gousses d'ail écrasées
* Le jus de 3 oranges
* 10 cl de vinaigre de banyuls
* 50 cl de fond blanc
* 300 g de tomates concassées
* Piment d'Espelette
* Sel, poivre

Préparation

1 Épluchez les carottes et les oignons, détaillez-les en brunoise.

2 Farinez les tranches de jarret de cochon.

3 Faites chauffer l'huile d'olive dans une cocotte et déposez-y délicatement les tranches de jarret. Faites-les colorer des deux côtés, puis ajoutez les carottes et les oignons en brunoise, l'ail écrasé, le jus d'orange, le vinaigre, le fond blanc, les tomates concassées, du sel, du poivre et du piment d'Espelette. Laissez mijoter pendant 2 heures à feu très doux.

4 Servez bien chaud, dans la cocotte.

Préparation : 10 minutes | Cuisson : 2 heures

jarret

Joues de cochon braisées à la tomate

Ingrédients
pour 5 personnes

* 100 g d'oignons
* 100 g de carottes
* 3 gousses d'ail
* Huile d'olive
* Beurre
* 20 joues de cochon
* Piment d'Espelette
* 20 g de farine
* 300 g de jus de tomate
* 25 cl de bouillon de volaille
* 1 branche de thym
* 1 feuille de laurier
* 2 kg de belles tomates bien rouges
* 2 gros oignons
* Sel, poivre

Préparation

1 Épluchez puis émincez les oignons et les carottes. Pelez et écrasez 2 gousses d'ail.

2 Mettez un peu d'huile d'olive et de beurre dans une cocotte, ajoutez les oignons, les carottes, les gousses d'ail, les joues de cochon, le piment d'Espelette, salez, poivrez et faites colorer de 6 à 7 minutes. Saupoudrez de farine, mélangez pendant quelques secondes, puis mouillez avec le jus de tomate et le bouillon de volaille, ajoutez le thym et le laurier, puis faites cuire au four à 130 °C pendant 4 heures.

3 Égouttez les joues et passez le jus de cuisson au chinois. Réservez au chaud.

4 Mondez les tomates et coupez-les grossièrement.

5 Mettez un peu d'huile d'olive et du beurre dans une cocotte, faites-y revenir l'ail restant pelé et écrasé, les gros oignons épluchés et émincés, les tomates en morceaux, salez, poivrez et faites cuire au four à 160 °C pendant 2 heures.

6 Dressez les joues de cochon sur les tomates et arrosez de jus de cuisson. Servez bien chaud.

Préparation : 25 minutes | Cuisson : 6 heures

Lepoas rôtis, jeunes légumes de saison

Ingrédients
pour 3 personnes

* 2 lepoas (cous de cochon)
* Huile d'olive
* 3 c. à s. de beurre
* 1 botte de carottes fanes
* 1 botte de navets fanes
* 1 botte d'oignons nouveaux
* 1 botte d'artichauts poivrade
* 100 g de haricots verts
* 100 g de pois gourmands
* Piment d'Espelette
* 1 branche de thym
* 2 gousses d'ail
* 10 cl de fond blanc
* Sel, poivre

Préparation

1 Faites préparer et ficeler les lepoas par votre boucher (comme un rôti).

2 Mettez de l'huile d'olive et 1 c. à s. de beurre dans une cocotte. Faites-y colorer les lepoas.

3 Mettez ensuite au four à 175 °C et faites cuire de 10 à 12 minutes (attention, cette viande se déguste rosée). Laissez reposer.

4 Grattez les jeunes carottes et navets, pelez les oignons nouveaux, tournez les artichauts poivrade, faites blanchir les haricots verts et les pois gourmands.

5 Mettez du beurre dans une sauteuse et faites-y revenir tous les légumes, ajoutez le piment d'Espelette, du sel et du poivre, le thym, l'ail écrasé et le fond blanc, laissez cuire de 7 à 8 minutes.

6 Partagez les lepoas en trois, dressez-les sur un plat creux avec les petits légumes. Servez bien chaud.

Préparation : 30 minutes | Cuisson : environ 30 minutes

lepoa

Moelleux de pieds de cochon et duxelles de champignons

Ingrédients
pour 4 personnes

* 4 pieds de cochon cuits
* 100 g d'oignons
* 1 kg de champignons de Paris
* Huile d'olive
* Beurre
* 2 gousses d'ail
* Piment d'Espelette
* 1 branche de thym
* 1 feuille de laurier
* 100 g de mesclun
* Vinaigrette
* Sel, poivre

Préparation

1 Désossez les pieds de cochon et hachez-les finement.

2 Épluchez les oignons et émincez-les, réservez-en 1. Nettoyez les champignons et hachez-les.

3 Dans une sauteuse, mettez de l'huile d'olive et du beurre, faites-y revenir les oignons émincés, l'ail écrasé et les champignons. Salez, poivrez, saupoudrez de piment d'Espelette, ajoutez le thym et le laurier, laissez cuire à couvert pendant 1 h 10.

4 Dans une autre sauteuse, mettez de l'huile d'olive, du beurre et faites-y revenir l'oignon restant émincé. Ajoutez les pieds de cochon hachés et faites chauffer pendant 10 minutes.

5 Assemblez les deux préparations et servez aussitôt, accompagné de salade de mesclun assaisonnée de vinaigrette.

Préparation : 45 minutes | Cuisson : 1 h 20

pied de cochon

Osseline ou onglet de cochon, compotée d'oignons aux olives noires, grosses frites

Ingrédients
pour 2 personnes

* 1 kg de pommes de terre
* 2 bottes de gros oignons nouveaux
* 2 c. à s. d'olives noires
* Huile d'olive
* Beurre
* 400 g d'osseline ou d'onglet de cochon préparé par votre charcutier
* Huile de friture
* Sel, poivre

Préparation

1 Épluchez les pommes de terre et détaillez-les en grosses frites.

2 Pelez et émincez finement les oignons nouveaux, hachez grossièrement les olives noires. Mettez-les dans une sauteuse avec un peu d'huile d'olive et du beurre. Faites-les compoter pendant 20 minutes environ, salez et poivrez.

3 Mettez de l'huile d'olive et du beurre dans une poêle et faites-y revenir l'onglet de 2 à 3 minutes de chaque côté, salez et poivrez.

4 Plongez les frites dans un bain de friture pendant 10 minutes environ.

5 Découpez l'osseline ou l'onglet en tranches.

6 Dressez la compotée d'oignons aux olives noires dans les assiettes, disposez des tranches d'osseline ou d'onglet dessus. Servez bien chaud, avec les frites croustillantes.

Préparation : 30 minutes | Cuisson : environ 35 minutes

osseline ou onglet

Palerons de cochon braisés, jus de cuisson pressé

Ingrédients
pour 4 personnes

* 1 kg de carottes
* 300 g d'oignons
* 1 kg de tomates
* 3 palerons de 300 à 400 g chacun, préparés par votre charcutier
* Piment d'Espelette
* 3 gousses d'ail
* 1 branche de thym
* 1 feuille de laurier
* 3 litres de vin rouge
* 1 litre de fond blanc
* Huile d'olive
* Beurre
* Sel, poivre

Préparation

1 Épluchez les carottes et les oignons. Lavez les tomates. Coupez grossièrement la moitié des carottes, la moitié des oignons et toutes les tomates. Émincez finement les oignons restants et coupez les carottes restantes en rondelles.

2 Faites saisir rapidement de chaque côté les palerons dans une cocotte, salez, poivrez, saupoudrez de piment d'Espelette, ajoutez les carottes, les oignons coupés grossièrement et toutes les tomates, les gousses d'ail épluchées et écrasées, le thym, le laurier, et laissez cuire de 5 à 6 minutes. Versez le vin rouge dans la cocotte, amenez à ébullition, puis ajoutez 50 cl de fond blanc. Laissez mijoter à feu très doux pendant 2 heures.

3 Faites chauffer un peu d'huile d'olive et du beurre dans une sauteuse, mettez-y à revenir pendant quelques minutes les oignons émincés et les carottes en rondelles, salez, poivrez. Ajoutez le fond blanc restant et laissez cuire pendant 45 minutes.

4 Égouttez les palerons, passez le jus de cuisson au chinois et faites-le réduire pendant quelques instants.

5 Dressez les palerons découpés en morceaux et les légumes sur un plat creux. Nappez de jus de cuisson et servez aussitôt.

Préparation : 45 minutes | Cuisson : environ 3 heures

paleron

Parmentier de boudin, purée de pommes de terre

Ingrédients
pour 6 personnes

Pour le boudin
* 1 tête de cochon
* 1 kg d'oignons
* 2 clous de girofle
* 3 carottes
* 3 poireaux
* 1 feuille de laurier
* 1 kg de couennes de cochon
* 1/2 cœur de cochon
* 1/2 poumon de cochon
* 1/2 langue de cochon
* 1 kg de bas de poitrine de cochon
* 150 g d'ail
* 250 g de graisse de canard
* Thym
* Piment d'Espelette
* 5 litres de sang de cochon
* 1 boyau de cochon
* Mélange de salades
* Vinaigrette
* Sel, poivre

Pour la purée
* 1 kg de pommes de terre
* 50 cl de lait
* 50 cl de crème
* 150 g de beurre
* 2 c. à s. d'huile de noisette

Préparation

1 Brûlez la tête de cochon au chalumeau pour en retirer les poils.

2 Pelez 1 oignon et piquez-le des clous de girofle. Épluchez les carottes et coupez-les. Nettoyez les poireaux. Mettez ces légumes, le laurier et tous les morceaux de cochon (à l'exception du boyau) dans un faitout. Recouvrez d'eau et faites cuire pendant 2 h 30. Égouttez les viandes, désossez-les et coupez-les en dés. Réservez le bouillon de cuisson.

3 Épluchez les oignons restants et émincez-les. Pelez l'ail et hachez-le. Faites fondre la graisse de canard dans une poêle et faites-y revenir les oignons, l'ail et le thym pendant 5 minutes, puis incorporez les viandes. Salez et poivrez, saupoudrez de piment d'Espelette. Laissez cuire pendant 5 minutes, puis ajoutez le sang. Éteignez le feu et mélangez bien.

4 Poussez la préparation avec un entonnoir dans le boyau de cochon bien lavé. Fermez les extrémités avec de la ficelle. Portez le bouillon de cuisson à ébullition, plongez le boudin dans la casserole et laissez cuire à feu doux de 50 minutes à 1 heure. La température ne doit pas excéder 80 °C.

5 Épluchez les pommes de terre et faites-les cuire dans une casserole d'eau salée. Faites tiédir le lait avec la crème et le beurre. Passez les pommes de terre au presse-purée, ajoutez le lait et l'huile de noisette.

6 Découpez des tranches de boudin et poêlez-les de 2 à 3 minutes de chaque côté. Disposez la purée, le boudin et la salade assaisonnée sur des assiettes.

Préparation : 1 h 30 | Cuisson : environ 4 heures

Poitrine de cochon fermière, salade au parmesan

Ingrédients
pour 4 personnes

* 2 carottes
* 2 oignons
* 1 poireau
* 1 poitrine de cochon ibaïona d'environ 1,2 kg
* 1 branche de thym
* 1 feuille de laurier
* Piment d'Espelette
* 1 litre de bouillon de volaille
* 30 g de beurre
* 200 g de mesclun
* Vinaigrette
* 100 g de copeaux de parmesan
* Sel, poivre

Préparation

1 Épluchez les carottes et les oignons, nettoyez le poireau.

2 Piquez les oignons sur une fourchette et faites-les brûler sur la flamme du gaz afin de donner de la couleur au bouillon.

3 Coupez grossièrement les carottes, le poireau et les oignons en morceaux.

4 Mettez la poitrine de cochon, les carottes, le poireau, les oignons, le thym, le laurier, du sel, du poivre, du piment d'Espelette et le bouillon de volaille dans une cocotte, portez à ébullition, baissez le feu et laissez mijoter à tout petit feu pendant 8 heures.

5 Égouttez la poitrine, filmez-la et réservez-la au réfrigérateur pendant 12 heures.

6 Coupez la poitrine en tranches épaisses. Mettez le beurre dans une sauteuse et faites-y revenir les tranches de poitrine jusqu'à obtention d'une belle coloration.

7 Servez avec la salade assaisonnée de vinaigrette et parsemée de copeaux de parmesan.

Préparation : 15 minutes | Cuisson : 8 heures | Repos : 12 heures

poitrine

Risotto crémeux, couenne et ventrèche grillées

Ingrédients
pour 4 personnes

* 150 g de couenne de cochon
* 1 litre de bouillon de volaille
* 80 g d'oignons
* Beurre
* 300 g de riz à grains ronds
* 1 litre de fond blanc
* 1 branche de thym
* 1 feuille de laurier
* Piment d'Espelette
* 100 g de parmesan râpé
* 1 c. à s. de crème montée
* 150 g de ventrèche
* Sel, poivre

Préparation

1 Ficelez la couenne, mettez-la dans une casserole, versez le bouillon de volaille et laissez cuire pendant 1 h 30.

2 Pendant ce temps, épluchez et émincez les oignons. Mettez du beurre dans une cocotte et faites-y suer les oignons. Ajoutez le riz, faites-le nacrer, puis incorporez peu à peu le fond blanc. Ajoutez le thym et le laurier, du sel, du poivre, du piment d'Espelette et laissez cuire de 35 à 40 minutes. En fin de cuisson, ajoutez le parmesan râpé et la crème montée.

3 Coupez la ventrèche en fines lamelles et faites-les griller au four à 170 °C de 4 à 5 minutes.

4 Égouttez la couenne et coupez-la en fines lamelles. Mettez du beurre dans une poêle et faites-y revenir les lamelles de couenne.

5 Dans un plat creux, dressez le risotto, puis la couenne et la ventrèche grillées.

Préparation : 15 minutes | Cuisson : environ 2 h 15

Saucisses confites, lentilles cuisinées

Ingrédients
pour 4 personnes

* 8 grosses saucisses fraîches
* 2 kg de graisse de cochon (ou saindoux)
* 2 carottes
* 1 oignon
* Huile d'olive
* Beurre
* 100 g de lard paysan
* 250 g de lentilles
* 1 litre de fond blanc
* Piment d'Espelette
* 1 branche de thym
* 1 feuille de laurier
* Sel, poivre

Préparation

1 Mettez les saucisses fraîches à sécher dans un endroit très ventilé, de 3 à 4 jours.

2 Chauffez la graisse de cochon dans une sauteuse, faites-y confire les saucisses pendant 30 minutes à feu doux.

3 Épluchez les carottes et l'oignon, puis émincez-les. Faites-les revenir avec un peu d'huile d'olive et du beurre dans une sauteuse, ajoutez le lard et laissez cuire de 3 à 4 minutes. Ajoutez les lentilles, le fond blanc, du sel, du poivre, du piment d'Espelette, le thym et le laurier. Laissez mijoter de 50 minutes à 1 heure à feu doux.

4 En fin de cuisson, incorporez les saucisses confites et servez aussitôt.

Préparation : 15 minutes | Cuisson : environ 1 h 30 | Séchage : 3 à 4 jours

saucisse

Tournedos de cochon, coques et palourdes

Ingrédients
pour 4 personnes

* 300 g de coques
* 300 g de palourdes
* 3 ou 4 gousses d'ail
* 100 g de beurre
* Huile d'olive
* 2 filets mignons de cochon préparés par votre charcutier
* Piment d'Espelette
* 1 branche de thym
* 1 feuille de laurier
* 1 verre de vin blanc
* Sel, poivre

Préparation

1 Faites dégorger les coques et les palourdes dans de l'eau salée.

2 Épluchez les gousses d'ail et écrasez-les.

3 Mettez 50 g de beurre et de l'huile d'olive dans une sauteuse, ajoutez les filets mignons, salez, poivrez, saupoudrez de piment d'Espelette et faites colorer de 3 à 4 minutes. Ajoutez les gousses d'ail écrasées, le thym, le laurier et laissez cuire de 20 à 25 minutes, en retournant régulièrement la viande.

4 Égouttez les coques et les palourdes, mettez-les dans une casserole, arrosez-les du verre de vin blanc et faites-les ouvrir à feu vif. Récupérez le jus de cuisson et filtrez-le.

5 Déglacez la sauteuse de la viande avec ce jus de cuisson, puis faites-le réduire et incorporez le beurre restant.

6 Découpez les filets mignons en tranches. Dressez-les sur des assiettes, ajoutez autour les coques et les palourdes, nappez du jus de cuisson réduit.

Préparation : 20 minutes | Cuisson : environ 30 minutes

filet mignon

Tranches de lomo au piment d'Espelette, copeaux de parmesan et coquillettes

Ingrédients
pour 5 personnes

- 1 kg de lomo (cœur de longe assaisonné avec l'épice à chorizo)
- 100 g de beurre
- 10 cl d'huile d'olive
- Piment d'Espelette
- 100 g de coquillettes
- 100 g de copeaux de parmesan
- Sauce fumée (voir recette txistorras, purée de nos enfants, p. 188)
- Sel, poivre

Préparation

1 Coupez le lomo en tranches de 1 à 2 cm d'épaisseur.

2 Mettez 50 g de beurre et l'huile d'olive dans une sauteuse, faites-y colorer les tranches de lomo, salez, poivrez, saupoudrez de piment d'Espelette et laissez cuire de 3 à 4 minutes.

3 Jetez les coquillettes dans une casserole d'eau bouillante salée et faites-les cuire de 6 à 7 minutes. Égouttez-les dans un saladier et parsemez-les du beurre restant. Mélangez.

4 Répartissez des tranches de lomo et des coquillettes dans les assiettes, parsemez de copeaux de parmesan et nappez de sauce fumée.

Préparation : 5 minutes | Cuisson : environ 10 minutes

Txistorras, purée de nos enfants

Ingrédients
pour 4 personnes

* 1 kg de pommes de terre
* 50 cl de lait
* 50 cl de crème
* 300 g de beurre + 10 g
* 20 txistorras (minichipolatas confectionnées avec l'épice à chorizo)
* Huile d'olive
* Sel, poivre

Pour la sauce au jus fumé

* 1 oignon
* 100 g de lard fumé
* 50 cl de fond blanc
* 50 cl de crème montée
* Piment d'Espelette
* Sel, poivre

Préparation

1 Préparez la sauce. Épluchez l'oignon, émincez-le. Coupez le lard fumé en lardons. Mettez l'oignon et le lard dans une poêle, faites-les revenir de 3 à 4 minutes. Ajoutez le fond blanc et laissez mijoter à feu doux de 35 à 40 minutes.

2 Pendant ce temps, préparez la purée. Épluchez les pommes de terre et faites-les cuire dans une casserole d'eau salée. Faites tiédir le lait avec la crème et le beurre. Passez les pommes de terre au presse-purée et incorporez le lait.

3 Terminez la sauce. Mixez le lard et l'oignon, passez cette préparation au chinois et ajoutez la crème montée, salez, poivrez, saupoudrez de piment d'Espelette. Réservez au chaud, le temps de faire cuire les txistorras.

4 Faites-les revenir dans une poêle avec un peu d'huile d'olive et 10 g de beurre, de 4 à 5 minutes.

5 Dressez 5 txistorras et une belle part de purée dans chaque assiette, nappez de sauce et servez aussitôt.

Préparation : 35 minutes | Cuisson : environ 1 heure

txistorra

LISTE ALPHABÉTIQUE DES RECETTES

Terrines de nos enfances

REMERCIEMENTS

Éric Ospital
À mon père et à mon ami Christian Etchebest.
À ma femme, à mes enfants qui me laissent vivre ma passion et à ma mère, à ma sœur.
Aux éleveurs basques Jean et Julien Guenard, à Jean-Léon et Eñaut Larre.
À toute mon équipe de travail .
À Pauline Bareigts, à Peio Larramendy, à Jérémy Larroux, à Kévin Camon, à Stéphanie Elhuyar
pour m'avoir aidé à réaliser cet ouvrage.
À Julien Duboué, à Yves Camdeborde, à Fabrice Le Bourdat, à Vincent Deyres,
à Benoît Gauthier, à Benjamin Arnadoldi, à Marc Mouton, à David Arruabarrena, à Stéphane Jego,
à Jean-Pierre Cachau, à Thierry Faucher, à Bertrand Bluy, à Philippe Tredgeu, à Sébastien Gravé.
À vous tous, nos clients, nos amis,
la vie a le goût qu'on lui donne...

Christian Etchebest
Je dédie ce livre à mon frère et à mon père, trop tôt disparus.
Je remercie tous les chefs qui m'ont appris mon métier, qui m'ont fait grandir, et mon ami Éric.
Et surtout ma femme, Antxon et Peio qui me laissent vivre ma passion !!!
Et un petit clin d'œil à mon chef Benjamin.
Et à mes frères de toujours : Bertrand Bluy, Yves Camdeborde, Stéphane Jego et Philippe Tredgeu.

Toutes les photographies sont de Denys Clément, sauf p. 18, 20, 23, 24, 27, 30, 31, 32, 34 : Leemage ; p. 35, 36-37, 38, 41 : Roger-Viollet ; p. 22, 29, 39 : DR.

Conçu et réalisé par Copyright pour les Éditions First

Texte : Isabelle Clément-Dreyfus
Texte Histoire et symbolique du cochon : Éric Birlouez

Conception graphique : Marina Delranc
Mise en page : Zarko Telebak
Secrétariat d'édition : Sophie Greloux
Photogravure : Peggy Huynh-Quan-Suu
Fabrication : Cédric Delsart et Stéphanie Parlange